Le Palais englouti de Cléopâtre

Le Palais englouti de Cléopâtre

Laura Foreman

Préface de Franck Goddio

Glénat

Page de titre : Roland Savoye s'apprête à filmer la remontée de la statue d'un prêtre d'Isis dans les eaux du port oriental d'Alexandrie.

Pages 4-5 : L'explorateur Franck Goddio contemple l'un des sphinx découverts sur le site de l'ancienne île d'Antirhodos. On pense que la tête, bien préservée, est un portrait de Ptolémée XII, le père de Cléopâtre VII.

Pages 6-7 : Alain Peton étudie les hiéroglyphes inscrits sur un bloc monumental de granite rouge trouvé sur l'île d'Antirhodos. Ils évoquent un roi « doté de vie et de pouvoir ». Ce monolithe est peut-être un montant de porte provenant d'un vaste édifice.

Pages 8-9 : Des pêcheurs, dont la silhouette se découpe sur le front de mer de la ville moderne, jettent leurs filets dans des eaux qui recèlent depuis des siècles les vestiges de l'une des plus grandes villes de l'Antiquité.

Pages 10-11 : Eric Smith contemple une statue en calcaire vieille de 2000 ans, représentant un ibis. L'oiseau, dont la tête est perdue, représente Thot, le dieu égyptien de la connaissance et de la sagesse.

Pages 12-13 : Jean-Paul Blancan, Nicolas Ponzone, Alaa el-Din Mahrous et Moustapha el-Dissouki admirent la statue du prêtre d'Isis et un couple de sphinx, peut-être toujours disposés comme ils l'étaient jadis dans un sanctuaire de l'île d'Antirhodos.

Pages 14-15 : Cette gravure, exécutée en 1572 par le Belge Franz Hogenbergh, est une vue d'artiste d'Alexandrie à la Renaissance.

Pages 18-19 : Une Cléopâtre exotique en costume égyptien, vue par le peintre orientaliste français Alexandre Cabanel au début du XXe siècle.

Publié aux États-Unis par Discovery Books, une marque de Random House, Inc., New York.
Cette traduction est publiée en accord avec Random House Trade Publishing, une division de Random House, Inc.

Pour l'édition française
© 2000 Éditions Glénat
BP 177 – 38008 Grenoble Cedex
Tous droits réservés pour la langue française

ISBN : 2 7234 3026X
Dépôt légal : 10.00

Traduit et adapté de l'anglais par Florence Maruejol.

XA NDR IA.
et spissitudinis ex lapidib: Thebaicis, ut et
alij obelisci in civitate confecta.
Porta del pere
S. Catharina
Castello nuovo
MOSQVE
MOSQVE
Domus Alexandri Magni
Canophalo
ANEVM MARE

AVANT-PROPOS

Ces trois derniers étés, un spectacle peu banal s'est offert aux passants circulant sur la corniche d'Alexandrie. Tournant leur regard vers la mer, les badauds ne pouvaient manquer d'apercevoir le yacht blanc ancré dans le port oriental – une zone militaire rarement accessible aux navires civils. En regardant attentivement, ils pouvaient remarquer une activité inhabituelle autour du bateau. De temps à autre, des plongeurs casqués descendaient sur les côtés du navire tandis que d'autres de retour à bord s'engageaient dans des discussions animées avant de retourner à l'eau.

Les plongeurs, mes compagnons, m'aidaient à poursuivre une quête qui avait débuté quinze ans auparavant. Au début des années 1980, j'ai entendu parler pour la

Les hiéroglyphes situés au-dessus du cartouche de Cléopâtre signifient « seigneur des Deux-Terres » et s'appliquent particulièrement bien à la reine, qui a dirigé, seule, la Haute et la Basse-Égypte.

Ci-contre : Au fond des eaux du port d'Alexandrie, Eric Smith étudie les dalles qui constituaient l'esplanade du littoral aujourd'hui submergé du cap Lochias.

première fois des cataclysmes qui ont provoqué la submersion d'une grande partie du littoral de l'Afrique du Nord, y compris le front de mer d'Alexandrie. Dans un empire romain alors à l'agonie, ces graves événements sont passés presque inaperçus. Lorsque le flot a noyé la côte où les souverains grecs avaient bâti leurs palais, il a fait disparaître nombre de monuments historiques.

Bien qu'occupé par d'autres projets à l'époque, je n'ai jamais oublié ce site submergé. Plus encore que les autres cités englouties, Alexandrie captive l'imagination. En effet, parmi les fantômes qui hantent ses rues se profilent certains des personnages les plus brillants de l'Antiquité – à commencer par le fondateur et le concepteur d'Alexandrie : Alexandre le Grand. Alexandrie fut aussi la capitale des successeurs du conquérant macédonien, les Ptolémée, rois grecs qui ont érigé certains des plus beaux monuments du monde classique.

Mais Alexandrie fut surtout la résidence de Cléopâtre, la femme la plus fascinante de l'Histoire. C'est là qu'elle a rencontré et séduit Jules César. C'est dans ses avenues aujourd'hui submergées qu'elle s'est promenée avec Marc Antoine, l'un des plus grands conquérants de l'Antiquité. Enfin, c'est dans cette ville qu'elle a préféré la mort au déshonneur.

Plus que tout autre chose, ce sont la vie et les amours dramatiques de Cléopâtre qui m'ont attiré à Alexandrie et qui m'ont incité en 1992 à entreprendre de localiser, cartographier puis explorer les vestiges de la cité engloutie. H.E. Farouk Hosni, ministre égyptien de la Culture, m'a encouragé à concrétiser mon projet. Nous avons pu nous atteler à cette tâche titanesque grâce au soutien du Conseil suprême pour les Antiquités égyptiennes. Six ans plus tard, nous avons beaucoup progressé – en fait plus que je ne l'espérais au début des fouilles. Nous avons retrouvé des ports entiers, repéré les vestiges des anciens monuments et commencé à mettre au point le premier plan fiable de la ville antique.

Mais si la ville livre peu à peu ses secrets, la reine, elle, ne se dévoile que très lentement. Même si, lorsque sous l'eau j'enlève les concrétions sur une colonne ptolémaïque ou un dallage qu'elle a peut-être foulé, il me semble percevoir parfois sa présence.

Désormais, et pour la première fois, une carte montre le quartier des palais avant son engloutissement, sans doute au IVe siècle ap. J.-C. À l'est, se trouve le cap Lochias sur lequel se dressait jadis un palais royal équipé de son propre port. Une proéminence, rattachée à la côte effondrée et couverte de ruines, forme la péninsule qu'on appelle le Poséidion car elle abritait un temple dédié à Poséidon. Antoine la fit prolonger par une jetée au bout de laquelle il construisit un petit palais royal, le Timonium où il se retira après la défaite d'Actium. À proximité, plusieurs ports destinés aux navires de guerre ou de commerce témoignent de la puissance économique de la cité. Au milieu du Grand Port s'étend l'île engloutie d'Antirhodos, qui conserve des vestiges architecturaux de différentes périodes et les fondations d'édifices remontant au IIIe siècle av. J.-C. Nous avons également exhumé une statue et plusieurs sphinx qui étaient sans doute associés à un petit temple d'Isis. La résidence royale que le géographe grec Strabon a vue sur cette île a été détruite par les hommes ou les tremblements de terre bien avant la disparition de l'île. Les éléments du décor et les blocs de construction ont sans doute été pillés et réutilisés pour bâtir d'autres édifices. Mais lorsque l'on visite le site où se dressait jadis le palais royal, on ne peut s'empêcher de penser que c'est sans doute là que la reine a vécu, gouverné et s'est donné la mort. Mystérieuse, et constamment présente, Cléopâtre nous entraîne à poursuivre nos efforts. Tant qu'elle aura des secrets à livrer, ma quête continuera.

Franck Goddio
Alexandrie, 1998

À bord de l'*Océanex*, au mouillage dans le port oriental d'Alexandrie, Franck Goddio et son équipe scrutent le fond de la mer à la recherche de l'ancienne cité et retracent patiemment les contours des quartiers disparus.
Double page suivante : Des céramiques de diverses périodes sont éparpillées au fond du port de l'île d'Antirhodos. Un plongeur éclaire une amphore, sans doute originaire d'Afrique du Nord, qui date des IIe-IIIe siècles ap. J.-C. Au premier plan, se dressent deux amphores à vin palestiniennes datant des IIIe-IVe siècles ap. J.-C. À droite, un bassin du début de l'époque romaine.

INTRODUCTION

La femme la plus célèbre de l'histoire est aussi la plus insaisissable. Son histoire se confond avec le mythe. Les écrits contemporains y font peu allusion et quand ils le font, c'est à travers la vision déformée de ses ennemis romains. Les historiens tels Plutarque et Suétone ne relatent son histoire que de façon fragmentaire. Les documents historiques, inscriptions laconiques, pièces de monnaie, reliefs des temples, sont encore moins évocateurs. Aujourd'hui Cléopâtre est connue non par les témoignages anciens, mais par la littérature et l'art des époques postérieures. Elle a été immortalisée par de grands écrivains comme Shakespeare et par des artistes, qui de la Renaissance à nos jours, lui ont appliqué les critères esthétiques de leur temps.

La plupart ont dépeint une séductrice, une ensorceleuse capable d'envoûter les hommes pour satisfaire ses ambitions et ses appétits pervers. C'est une fiction qui n'a aucun fondement.

Pour dépasser le mythe, il faut s'appuyer sur des faits démontrés et sur les renseignements concernant son époque et son cadre de vie qui seuls permettent de formuler des hypothèses plausibles. On verra alors se dessiner une Cléopâtre différente : une souveraine énergique, brillante, visionnaire, mais aussi une femme d'une moralité et d'une fidélité peu communes. Dans sa vie, elle n'a aimé que deux hommes à qui elle est toujours restée fidèle, quoiqu'il lui en coûtât. Elle a vécu selon des principes qu'elle a respectés jusqu'à sa mort.

Cette Cléopâtre n'est peut-être pas aussi exotique que celle de la fiction. Mais elle n'en est pas moins attachante.

Cette ravissante tête sculptée de la jeune Cléopâtre date de la fin du Ier siècle av. J.-C. Il s'agit sans doute d'un portrait posthume commandé par sa fille Cléopâtre Séléné, épouse de Juba, roi de Mauritanie.

Chapitre I

UNE CITÉ DE ROI, UNE FILLE DE ROI

Une femme, encore belle malgré sa souffrance, est assise et tient un panier d'osier sur les genoux. Elle tire sur le couvercle. Il ne cède pas. Elle tire à nouveau ; il lui faut l'ouvrir. À l'intérieur, il y a des figues, de délicieuses figues d'Égypte. Elle les aimait jadis. À l'intérieur il y a aussi la mort, et c'est la mort, et non les figues, qu'elle cherche maintenant. Le couvercle finit par céder, il glisse sur le sol en marbre et roule. Elle fixe les figues et les regarde avec fascination lorsqu'elles commencent à bouger, agitées par le serpent qui est lové sous elles. Comme c'est curieux, songe-t-elle, de ne vouloir que la mort alors qu'autrefois elle voulait le monde entier – elle le voulait et elle l'a presque obtenu.

Comme il est étrange, alors que la fin est venue, de ne penser qu'aux commencements, à l'histoire qui l'a modelée et à l'histoire qu'elle a vécue. Elle a aimé deux hommes, vénéré l'un et désiré l'autre. Elle a engendré quatre enfants. Elle a régné avec dignité. Ses nobles ancêtres n'ont aucun motif d'avoir honte d'elle. Elle pense aussi à eux, au premier d'entre eux surtout, le guerrier aux yeux gris, aux mains emplies de grains…

Le jeune dieu-soldat arpente la rive, répandant de la farine d'orge sur le sol pour dessiner les contours de la cité qui s'élèvera en ce lieu. Cette pratique n'étonne ni les ingénieurs, ni les architectes, ni les devins qui l'accompagnent. Au cours de sa brève carrière, Alexandre le Grand bâtira trente-trois autres cités auxquelles il donnera son nom, sans fausse modestie.

D'après la légende, la riche Cléopâtre aurait impressionné ses invités en faisant fondre une perle dans du vin qu'elle aurait ensuite bu. En fait, les perles ne se dissolvent pas dans le vin. L'histoire a inspiré nombre de peintres dont Anton Schoonyans, au début du XVIIIe siècle.

Le conquérant nourrit de grandes ambitions pour l'Alexandrie égyptienne. Le site, une étendue calcaire de l'extrémité du Delta, est parfait. Situé à une cinquantaine de kilomètres à l'ouest du bras Canopique du Nil, il n'abrite que le petit village de Rhakotis. Au sud, il est bordé par le lac Maréotis et ses eaux douces. Au nord, la côte méditerranéenne s'incurve et dessine un superbe port, véritable carrefour commercial et abri idéal pour les navires de guerre. L'arrière-pays est fertile, le climat excellent. Le chaud soleil d'Afrique est tempéré par les vents marins. L'air est vivifiant.

Alexandrie sera un joyau parmi les cités tout comme l'Égypte est une perle parmi les conquêtes d'Alexandre, notamment parce que les Égyptiens ont accueilli le Macédonien en libérateur. Ces derniers haïssent les Perses qui ont détrôné le dernier pharaon égyptien en 341 av. J.-C. Le conquérant grec, qui repousse les Perses quelque dix ans plus tard, représente un progrès par rapport aux précédents occupants. Au moins honore-t-il les dieux égyptiens, ce que les gouverneurs perses n'ont jamais fait.

Alexandre s'interrompt de marcher un instant pour contempler l'évolution de son travail. Il imagine la future ville : les grandes avenues, les marchés, les jardins publics, un temple de Zeus, chef du panthéon grec, ou peut-être d'Amon, son équivalent égyptien, dont il se proclame le fils. Là-bas, sur cette mince bande de terre qui s'avance dans la mer, se dressera un palais ou plutôt un ensemble de palais où résideront les Grecs qui gouverneront avec sagesse un royaume vieux de trois millénaires. Alexandre plonge de nouveau sa main dans le sac et poursuit son œuvre.

Pour tracer les lignes sur sol, la craie conviendrait mieux, mais il est impossible de s'en procurer. Jamais pris en défaut, Alexandre utilise à la place des céréales destinées aux soldats. Des oiseaux s'abattent sur les grains – ce que les devins, toujours désireux de plaire à leur maître, interprètent comme un présage favorable : Alexandrie sera prospère et deviendra une grande ville cosmopolite. Ce que les augures ignorent ou dissimulent, c'est que quelques années plus tard, la tombe d'Alexandre s'élèvera en ces lieux et que la domination grecque ne durera pas infiniment. Trois siècles plus tard, elle prendra fin avec la mort de la seule souveraine dont la légende égalera celle d'Alexandre. Une reine qui portera le même nom que sa sœur : Cléopâtre.

Cette tête en marbre d'Alexandre le Grand, datée de 330 av. J.-C. environ, est sans doute une copie d'un portrait de Lysippe.
À droite : Dans *L'Histoire d'Alexandre le Grand*, écrite et illustrée par Louis Liedet au XVe siècle, Alexandre le Grand surveille la construction d'édifices de style européen.

Philippe de Macédoine

S'il n'avait engendré un plus grand génie que lui-même, Philippe II de Macédoine serait passé à la postérité comme le plus grand roi-guerrier de l'Antiquité et l'un des généraux les plus remarquables de tous les temps.

Lors de sa naissance en 382 av. J.-C., rien ne laisse présager un aussi brillant avenir. Parmi les cités grecques, constamment en lutte, Thèbes est la puissance militaire montante et Athènes le berceau culturel. Bien que les Macédoniens forment un peuple accompli, les Athéniens, très élitistes, les considèrent comme des primitifs, des rustres, des bagarreurs et des ivrognes. Ils parlent un grec si altéré que les Athéniens le comprennent à peine. Pourtant, les dons prodigieux de Philippe de Macédoine préparent son royaume à la conquête du monde.

Brillant, cruel et charmeur, habile diplomate et soldat intrépide, Philippe monte sur le trône de Macédoine en 359 av. J.-C. après avoir éliminé divers membres de la famille royale. Il rétablit l'ordre en son royaume et réforme l'armée qui devient la plus redoutable de l'Égée. Il entreprend ensuite d'unifier toute la Grèce. Curieusement, il semble avoir été en partie motivé par un certain sens de son infériorité et un désir de gagner le respect d'Athènes. L'admiration de Philippe pour les Athéniens n'a en effet d'égal que le mépris que ces derniers éprouvent à son égard.

Mais même la fière Athènes tremble lorsque le Macédonien se rend maître d'un royaume après l'autre, si possible par la diplomatie et si nécessaire par la force. En 336 av. J.-C., Philippe, qui a unifié presque toute la Grèce, Athènes y compris, songe à conquérir la Perse, l'empire le plus puissant de l'époque.

Mais il ne peut réaliser son rêve. Tout occupé à étendre son pouvoir, il a négligé son assise macédonienne. Il est assassiné par les ennemis qu'il a dans son propre royaume.

Il laisse un fils qui ne se contentera pas de l'égaler mais qui l'éclipsera : Alexandre le Grand. Certaines hypothèses prétendent qu'il a également laissé pour héritage la dynastie ptolémaïque. Bien que son nom ne figure pas au tableau généalogique des Ptolémée (à droite), on admet parfois que Ptolémée Ier d'Égypte est le fruit d'une aventure amoureuse de Philippe adolescent.

Ci-dessous : Ce médaillon en or figure le roi Philippe II de Macédoine, père d'Alexandre le Grand.

LA DYNASTIE PTOLÉMAÏQUE

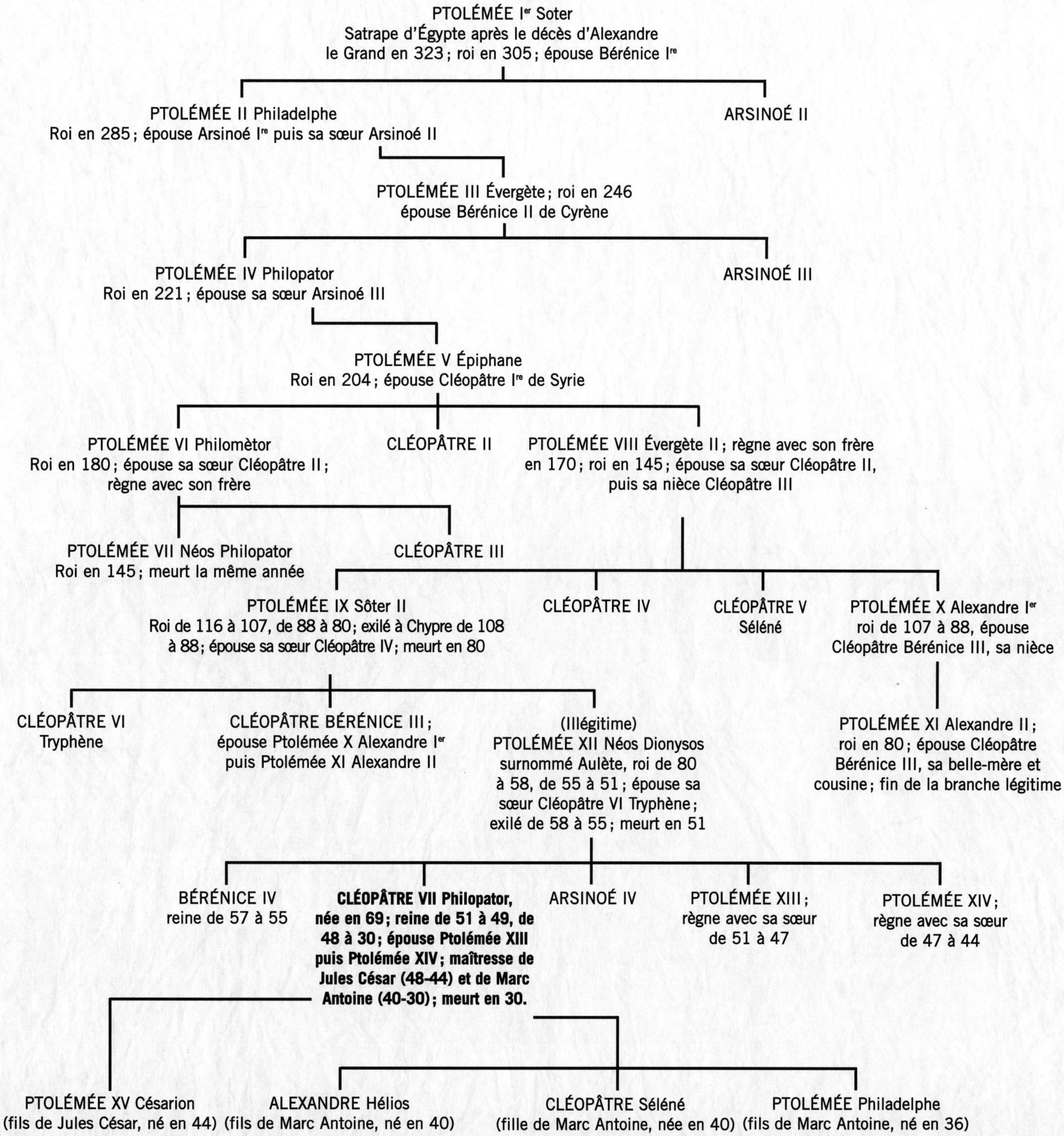

Adapté d'après E. Flamarion, *Cléopâtre : vie et mort d'un pharaon*, Paris, Gallimard, 1993.

Toutes les dates s'entendent av. J.-C.

Alexandre le Grand

Si quelqu'un est destiné à devenir conquérant, c'est bien Alexandre de Macédoine. De son père Philippe II, il hérite une brillante intelligence, le génie de la guerre, une puissante armée, une ambition sans limite et une nation unifiée. Il doit à sa mère Olympias, une princesse d'Épire, sa beauté et sa foi inébranlable en son destin. Olympias, qui hait son époux volage, inculque à son fils que son père n'est pas Philippe mais Zeus, le roi des dieux.

La famille d'Olympias prétend descendre d'Achille. Cet exceptionnel guerrier légendaire devient le modèle d'Alexandre. L'*Iliade* d'Homère restera sa vie durant son livre de chevet. Comme Achille, il place la gloire au-dessus tout.

L'entraînement militaire d'Alexandre, dur et ininterrompu, commence dès l'enfance. Dès l'âge de seize ans, il mène des troupes au combat, et à dix-huit ans, il est le meilleur général de son père. Les relations de Philippe et d'Alexandre sont un mélange de fierté mutuelle et de jalousie. Les campagnes militaires les rapprochent. Formé par son père, Alexandre s'affirme comme un stratège et un tacticien hors pair. Il excelle à déployer une armée qui a pour épine dorsale une infanterie armée de *sarissas*, des lances de bois longues de près de trois mètres. Ces armes transforment la phalange macédonienne en une sorte de blindé impossible à arrêter. Philippe, désireux que son fils apprenne aussi à gouverner, lui donne les meilleurs précepteurs de son temps, dont le philosophe Aristote.

Alexandre, âgé de vingt ans seulement à la mort son père, est parfaitement préparé à régner. Il mate des révoltes en Thrace et à Thèbes avant de reprendre à son compte les ambitions de Philippe : la conquête de la Perse. En 334 av. J.-C., il se lance dans cette aventure avec seulement trente mille fantassins et cinq mille cavaliers.

La première bataille importante après le passage en Asie Mineure est la bataille du Granique. À la tête de la cavalerie, Alexandre mène une charge si violente que les Perses s'enfuient terrifiés. Il descend ensuite le long de la côte ionienne, libérant les cités du joug perse. Près de la ville d'Issos, dans la plaine côtière du nord de la Syrie, ses trente-cinq mille hommes remportent l'une des plus belles victoires tactiques de l'histoire militaire. Ils mettent en déroute les trois cent mille hommes de l'armée perse.

Alexandre conquiert ensuite la cité-État de Tyr, puis il traverse la Palestine en direction de l'Égypte, la dernière colonie perse au bord de la Méditerranée. Il est accueilli en libérateur. Durant son court séjour, il fonde Alexandrie et se fait – sans doute – couronner pharaon à Memphis, inaugurant ainsi le règne des Grecs en Égypte. L'événement le plus marquant de sa visite dans ce pays est son voyage à travers le désert jusqu'au sanctuaire d'Amon, l'équivalent de Zeus, dans l'oasis de Siwa. Les prêtres reconnaissent en lui le fils du dieu, confirmant ainsi l'histoire de sa naissance divine racontée par Olympias.

Comme Achille, son héros, Alexandre meurt jeune, mais pas avant d'avoir bâti un immense empire et d'avoir accompli son destin : devenir le plus grand conquérant de tous les temps.

À gauche : Cette miniature française du XVIe siècle montre Alexandre descendu au fond des eaux dans une cage de verre afin que les poissons puissent venir lui rendre hommage.

Bien que, comme la plupart des visiteurs, Alexandre trouve l'Égypte mystérieuse et envoûtante, il y séjourne moins d'un an. Il poursuit la conquête de l'empire perse et se rend maître aussi de pays situés au-delà encore, telles la Médie et la Scythie. Il s'aventure jusqu'à l'Inde où croit-il, le monde prend fin sur les rives d'une mer infinie.

Mais si cette mer existe, il ne la voit pas. Les difficultés que rencontre son expédition finissent par occulter les victoires. Les soldats, lassés par la guerre et restés trop longtemps loin de chez eux, l'obligent à faire demi-tour, ce qu'il fait, à contrecœur. La marche qui le ramène à Babylone est semée d'embûches. C'est là, dans sa nouvelle capitale, que sa vie prend fin deux ans plus tard, en 323 av. J.-C. Il n'a pas succombé à un autre général – aucun de ses lieutenants ne l'a jamais trahi – mais à un ennemi naturel : un moustique ou un microbe. Alors qu'il inspecte un chantier de drainage dans les marais de l'Euphrate, il est saisi par une fièvre que son corps, usé par les combats, ne parvient pas à vaincre.

Général à seize ans, roi à vingt ans, souverain de la plus grande partie du monde connu, Alexandre le Grand s'éteint à trente-trois ans. Il a conquis un empire qui couvre trois continents : il s'étend de la Grèce et du nord de l'Afrique au sous-continent indien et englobe l'Asie Mineure et l'Asie occidentale. Aucun homme, avant ou après lui, n'a conquis autant de territoires.

Le monde qu'il quitte diffère radicalement de celui qu'il a trouvé. Son expédition a entraîné derrière elle un flot de Grecs, soldats, commerçants, colons, fonctionnaires qui ont exporté leurs coutumes, leurs dieux et leur art et qui ont su s'intégrer aux civilisations passant sous la domination d'Alexandre. L'influence que la culture grecque exerce sur l'Orient, appelée hellénisme, donne son nom à la période très cosmopolite et très féconde qui commence avec Alexandre. Ce dernier a mis en circulation le trésor des Perses. Cet afflux d'argent a stimulé le commerce et la construction de cités, routes, voies navigables et artères reliant l'Occident et l'Orient. Alors que l'empire s'agrandit, le Macédonien rend le monde plus petit.

Alexandre est suffisamment intelligent pour comprendre qu'il ne peut gouverner cet immense territoire sans l'aide des vaincus. Il s'efforce de respecter leurs traditions et leur mode de gouvernement. Aussi à sa mort laisse-t-il un empire unifié et pacifié, même si ce n'est que de manière temporaire.

Cet homme exceptionnel mérite des funérailles grandioses dont les préparatifs durent deux ans. Ce n'est qu'en 321 av. J.-C. que le cortège funéraire quitte Babylone pour la Macédoine, patrie d'Alexandre, et la nécropole royale d'Aigéia. Le corps, conservé à l'aide de précieuses épices, est allongé dans un cercueil en or martelé, recouvert d'un tissu pourpre brodé d'or. Il est placé sur un char aux roues dorées et protégé par une chapelle d'or au toit voûté semé de joyaux et surmonté d'une couronne d'olivier en or. À chaque coin se dresse une statue de Niké, la déesse de la victoire. Sous la corniche du toit, une frise peinte de quatre panneaux exalte la bravoure d'Alexandre et son armée au combat : le général sur son char, ses éléphants de guerre, ses bateaux, sa cavalerie. Soixante-quatre mules, marchant à quatre de front, tirent le char funéraire. Chaque animal est paré d'un collier précieux et d'une couronne dorée ornée de clochettes.

Il faut plusieurs mois à la procession pour remonter les rives de l'Euphrate en direction du nord, bifurquer vers le Tigre à l'est et atteindre la limite septentrionale du désert de l'Arabie où Ptolémée, l'un des fidèles généraux d'Alexandre, alors gouverneur de l'Égypte, se porte à la rencontre du cortège.

Ptolémée, qui a onze ans de plus qu'Alexandre, le connaît pratiquement depuis sa naissance. Ce sont de lointains parents du côté de la mère de Ptolémée. Mais peut-être leurs liens sont-ils plus forts : une légende prétend que le père d'Alexandre, le roi Philippe de Macédoine, serait le vrai père de Ptolémée. Dans ce cas, Ptolémée et Alexandre seraient demi-frères. Quoi qu'il en soit, ils sont proches l'un de l'autre. Ptolémée, qui a accompagné Alexandre pendant toutes ses guerres, fait partie de ses intimes. À la tête de son armée, il vient, soi-disant, rendre hommage au héros défunt.

En fait, son but est de voler la dépouille. Attaquant le cortège funéraire, Ptolémée s'empare du catafalque qu'il conduit en Égypte. Son intention est d'enterrer Alexandre dans la cité qu'il a fondée.

Il considère ses restes comme un talisman, une relique sacrée qui légitime ses projets dynastiques.

Après avoir traversé la Judée, l'armée de Ptolémée conduit sa précieuse cargaison à Memphis, ancienne capitale de l'Égypte à la pointe du Delta. La dépouille séjourne plusieurs années dans la cité jusqu'à l'achèvement de la tombe qui lui est destinée à Alexandrie. Elle est finalement inhumée dans un splendide mausolée près duquel se grouperont les tombes des Ptolémée. Ainsi que l'espère Ptolémée Ier, son ami d'enfance portera chance à sa famille. De tous les héritiers d'Alexandre, les Ptolémée seront en effet ceux qui connaîtront les plus grandes longévité et prospérité.

Alors qu'Alexandre agonise à Babylone, se pose la question de la succession. Qui héritera de son empire ? « Le plus fort », répond le souverain dans un soupir.

Éris, déjà, la déesse grecque de la discorde, avait interrompu une cérémonie sur l'Olympe en jetant sur la table du banquet une pomme d'or portant l'inscription « à la plus belle ». En se disputant le titre en question, les déesses avaient provoqué les événements qui menèrent à la guerre de Troie. Les paroles d'Alexandre sur son lit de mort produisent à peu près le même effet. Plusieurs de ses généraux, les diadoques, se proclament héritier de l'empire. La lutte qui s'amorce dès la mort du conquérant durera des années.

Lorsqu'elle s'achève enfin, Antigonos s'est rendu maître de la Macédoine, la mère patrie, et d'une grande partie de l'Asie Mineure. Séleucos s'est emparé de la Syrie, de la Mésopotamie et de la Perse et Ptolémée de l'Égypte.

Et la désintégration de l'empire se poursuit. La Grèce se scinde en petites cités-États belliqueuses. Antigonos est contraint de céder de nombreux territoires à Cassandre et Lysimaque. Tandis que les Parthes, établis sur le plateau iranien, grignotent l'est et le centre des possessions des Séleucides, les Ptolémée attaquent l'ouest de leur empire. Les frontières se redessinent. Alors que les héritiers d'Alexandre et leurs descendants se massacrent les uns les autres, complotent ou s'allient, une nouvelle puissance s'affirme à l'ouest. Au début du IIe siècle av. J.-C., Rome est une épine plantée dans les flancs des monarques grecs. Les Ptolémée, à la tête du riche royaume d'Égypte, sont aussi inquiets que les autres.

Sur ce relief du temple de Louqsor, Alexandre adopte les titres traditionnels des pharaons, inscrits en hiéroglyphes : roi de Haute et Basse-Égypte et seigneur des Deux-Terres. À droite, tête en marbre de Ptolémée Ier Sôter, fondateur de la dynastie ptolémaïque.

Chacun des rois de la dynastie lagide porte le nom de Ptolémée accompagné d'une épithète qui le distingue des autres. Ptolémée Ier, le général d'Alexandre, s'appelle Sôter, le Sauveur. C'est un souverain compétent bien plus respecté que le gouverneur perse. Sous son règne et celui de ses deux premiers successeurs, l'Égypte est le royaume grec le plus stable et le plus florissant. Les souverains macédoniens conservent certaines institutions et structures administratives égyptiennes et intègrent même certaines coutumes locales à leur héritage grec.

Ainsi, ils reprennent à leur compte la notion de royauté divine et héréditaire qui associe le roi au dieu Amon ou au dieu Horus,

Après la mort d'Alexandre le Grand en 323 av. J.-C., trois de ses généraux se partagent l'Empire. L'Égypte revient à Ptolémée, ami d'enfance, biographe et peut-être demi-frère d'Alexandre, la Grèce à Antigone et les immenses territoires situés à l'est de l'Égypte à Séleucos. Les trois hommes ont fondé respectivement les dynasties lagide ou ptolémaïque, antigonide et séleucide. En 303 av. J.-C., Ptolémée apparaît comme le plus prospère. Sa dynastie durera trois siècles. Antigone cède des territoires à Cassandre et Lysimaque tandis que les Séleucides subissent la pression des Parthes du plateau iranien et des Ptolémée.

(TURQUIE)
ALEXANDRIE
SOGDIANE
ALEXANDRIE
BACTRES
BACTRIANE
Mer
Caspienne
ZADRACARTA
ALEXANDROPOLIS
MÉDIE
HECATOMPYLOS
RHAGES
(AFGHANISTAN)
ALEXANDRIE
ARBÈLES
ECBATANE
ALEXANDRIE
ALEXANDRIE
ROYAUME DES
SÉLEUCOS
ALEXANDRIE
SUSE
PASARGADES
PERSÉPOLIS
ALEXANDRIE
ALEXANDRIE
(INDE)
Mer
Rouge
PATTALA

grand dieu du ciel et fils d'Isis et de son époux Osiris, le dieu des morts. Ils adoptent la pratique du mariage entre frère et sœur existant dans la famille royale, symbolisant l'union d'un dieu avec une déesse. Cet usage choque leurs compatriotes et horrifie les Romains. Mais ces mariages offrent l'avantage de limiter les querelles de succession au sein de la famille royale…

Malgré les liens du sang et du mariage, les Ptolémée n'hésitent pas à s'entre-tuer pour prendre le pouvoir. Ce faisant, ils ne font que perpétuer une tradition héritée de la cour macédonienne de Pella. Philippe, le père d'Alexandre, n'a-t-il pas assassiné deux demi-frères pour accéder au trône?

Cependant les luttes les plus sanglantes n'ont pas lieu au début de la dynastie. Les premiers Ptolémée prospèrent et agrandissent leur empire. Ptolémée Ier conquiert la Cyrénaïque, à l'ouest de l'Égypte, occupe le sud de la Syrie à l'est, prend Chypre et plusieurs îles de la mer Égée et établit des garnisons en Grèce continentale. Au nord, son influence s'étend jusqu'aux rives de la mer Noire, de l'autre côté du Bosphore. Grand conquérant, Ptolémée Ier est aussi un bâtisseur hors pair. Il pose les fondements du développement architectural et culturel d'Alexandrie.

Après s'être taillé une place dans l'histoire et avoir laissé un royaume élargi à son fils préféré, il s'éteint paisiblement – ce qui sera peu fréquent chez les Ptolémée – en 285 av. J.-C., à l'âge de quatre-vingt-quatre ans. Son fils, Ptolémée II Philadelphe (Celui qui aime sa sœur), poursuit sa politique d'expansion territoriale que son petit-fils, Ptolémée III Évergète (le Bienfaiteur) porte à son apogée au milieu du IIIe siècle av. J.-C. Il occupe toute la Syrie jusqu'aux rives de l'Euphrate et conquiert Babylone et la Perse.

Ci-dessous : cette pièce en or de huit drachmes à l'effigie de Ptolémée Ier (à gauche) et de la reine Bérénice Ire a été frappée à Alexandrie au IIIe siècle av. J.-C.

Avec ses successeurs s'amorce le déclin de la dynastie. Ptolémée IV est un monstre qui assassine non seulement un frère et un oncle, mais aussi sa mère. Ptolémée V dont le règne débute en 205 av. J.-C. perd toutes les possessions égyptiennes, à l'exception de Chypre. Ptolémée VIII, qui règne avec son frère Ptolémée VI avant de gouverner seul à partir de 145 av. J.-C., est sans doute le souverain plus bizarre et le plus féroce de toute la lignée. Surnommé Physkon (le Bouffi), il est si gros qu'il ne peut se lever sans l'aide de ses serviteurs. Sa voracité n'est dépassée que par son goût pour le sang. Il tue son fils, dépèce le corps et envoie les morceaux à la mère en guise de cadeau d'anniversaire.

Fruit de la consanguinité, Physkon montre à quel point l'Égypte est devenue vulnérable aux menaces extérieures. Avant son règne déjà, le spectre de Rome se faisait de plus en plus menaçant.

Après que Ptolémée VI a perdu une guerre en Syrie, la dynastie n'est sauvée que par l'intervention d'un légat romain. Le destin de l'Égypte est ensuite définitivement lié à celui de Rome.

Les différences très marquées entre Romains et Grecs d'Égypte ne facilitent pas les relations entre les deux pays. Les Romains, très conservateurs, respectent le principe de *mos majorum*, fidélité à la voie des ancêtres. Ils apprécient, ou disent apprécier, la simplicité, la frugalité et la rectitude morale. Ils célèbrent la Grèce classique et prouvent leur admiration à son égard en volant et en imitant ses plus belles œuvres d'art. Mais les Grecs de l'époque hellénistique n'ont rien à voir avec cette Grèce-là. Les Romains les jugent dégénérés, sournois, prétentieux et débauchés.

LA DÉESSE DE LA MAGIE

Isis est la fille de Geb, dieu de la terre, et de Nout, déesse du ciel. Elle est l'épouse de son frère Osiris, qui règne sur la terre avec justice et bonté. Le dieu, qui apprend aux hommes à cultiver la terre et leur apporte la civilisation, provoque la jalousie de son frère Seth, dieu de la tempête qui a reçu en partage les déserts. Seth élimine Osiris en l'enfermant par la ruse dans un coffre qu'il jette dans le Nil. Isis, qui retrouve le corps sur la côte du Liban, le ramène en Égypte. Fou de rage lorsqu'il l'apprend, Seth décide d'en finir avec son frère en découpant sa dépouille en quatorze morceaux qu'il jette dans le Nil. Isis reprend sa quête et rassemble patiemment les fragments pour reconstituer le corps et le ramener magiquement à la vie. Osiris ne revient pas sur terre, mais devient alors souverain du royaume des morts.

Isis est vénérée non seulement en tant qu'épouse dévouée, mais aussi en tant que mère aimante d'Horus, le dieu faucon du ciel. Symbole des vertus féminines, Isis est également une puissante magicienne qui peut infléchir le cours du destin.

Osiris et Isis, qui ont jadis gouverné l'Égypte, sont étroitement associés à la royauté. Le hiéroglyphe du siège qui sert à écrire le nom d'Isis indique peut-être que la déesse fut à l'origine une incarnation du trône royal. Femme passionnée, liée au pouvoir royal, la déesse Isis dut fasciner Cléopâtre, sa représentante sur terre.

Ces statuettes en bronze représentent Isis, à gauche, et Osiris, à droite. Elles datent sans doute de l'époque ptolémaïque. Le linceul qui enveloppe Osiris momiforme rappelie qu'il est le dieu des morts. Isis allaitait l'enfant Horus qui s'est détaché de la sculpture. Elle est coiffée du disque solaire entouré des cornes de la vache Hathor, déesse de la musique et de la joie, à laquelle elle est souvent identifiée.

Il est vrai que les Ptolémée sont portés à toutes sortes d'excès. Ils font montre d'un luxe outrancier. Étaler leurs richesses est une façon de remercier les dieux à qui ils les doivent. Il existe même un mot grec qui désigne cette splendeur : *tryphe*. Quant aux Grecs d'Égypte, ils considèrent que les Romains sont des hypocrites moralisateurs, des parvenus peu civilisés, ternes, cruels et cupides.

Quoi qu'il en soit, leur sort est lié. Rome, qui a un besoin croissant des céréales d'Égypte, convoite le pays. Quant aux Ptolémée, ils comptent sur la puissance romaine pour maintenir au pouvoir leur faible dynastie.

La marge de manœuvres des derniers Ptolémée est étroite. Ils doivent éviter de contrarier les Romains tout en donnant l'illusion de conserver leur indépendance. Au moindre faux pas, ils provoquent soit la colère de Rome, soit le soulèvement de la population. Telle est la situation au Ier siècle av. J.-C., sous le règne de Ptolémée XII Néos Dionysos qui porte le sobriquet d'Aulète, le Flûtiste. Il est le père de Cléopâtre, la septième princesse de ce nom.

Lorsque Ptolémée XII accède au trône, en 80 av. J.-C., les prédictions des devins au sujet d'Alexandrie se sont réalisées. Elle est devenue une ville immense peuplée de nombreux étrangers. Elle est même la plus grande cité de ce temps. Rome, en comparaison, n'est encore qu'un bidonville malodorant.

Alexandrie, située au carrefour de l'Europe, de l'Afrique et de l'Asie, abrite plus d'un demi-million d'habitants de toutes les origines et de toutes croyances. La population comprend trois groupes principaux. Les Grecs de l'élite vivent au centre de la ville, les juifs, qui forment le noyau de la classe commerçante, se concentrent dans le quartier oriental tandis que les Égyptiens occupent le quartier occidental. De nombreux voyageurs arpentent les grandes avenues dallées de la ville car Alexandrie est au cœur des pistes caravanières qui vont de l'Afrique à l'Inde et à la Chine et des routes maritimes qui desservent les rives de la Méditerranée.

Le volume des échanges et la variété des biens qui entrent et sortent du port d'Alexandrie sont sans comparaison avec ceux des ports de Rome. La principale denrée qui transite par Alexandrie est le blé de la riche terre noire d'Égypte qui nourrit les pays riverains de la Méditerranée. Les navires marchands transportent également de l'ivoire et de l'ébène d'Afrique, de l'améthyste, de la vaisselle d'argent ciselée, des récipients en verre au décor

Cette peinture de la tombe de Menna à Thèbes, qui figure des paysans vannant le grain, remonte à la XVIIIe dynastie (1550-1292 av. J.-C.). Elle est déjà très ancienne à l'époque de Cléopâtre.
Ci-dessous : Ces vases en faïence ont été fabriqués à l'époque ptolémaïque. À gauche, flacon du Nouvel An, utilisé lors de la cérémonie de célébration de la crue annuelle du Nil en juillet. Les babouins décorant le col évoquent le dieu Thot, qui compte le temps. À droite, une coupe romaine.

Le flambeau du monde

Le célèbre phare d'Alexandrie est la seule des Sept merveilles du monde antique investie d'une fonction utilitaire et non religieuse ou décorative. Son architecte, Sostrate de Cnide, contemporain d'Euclide, le grand mathématicien grec, a certainement conçu l'édifice en se fondant sur les principes de la géométrie euclidienne. Commandé par Ptolémée Ier Sôter, le phare est achevé sous le règne de son fils Ptolémée II Philadelphe. Il s'élève sur l'île de Pharos, dont le nom ne serait qu'une variante de « l'île du Pharaon » à en croire certaines traditions anciennes.

Avec ses cent vingt-cinq mètres de hauteur, le phare est l'un des plus hauts édifices de ce temps, après la pyramide de Khéops à Gizeh, autre merveille du monde. Les marins voient sa flamme jusqu'à quelque cent kilomètres de distance. Le voyageur grec Strabon qui visite Alexandrie en 27 av. J.-C. a décrit le port : « Pharos est une île oblongue très proche de la rive et elle dessine avec elle un port à deux accès, car la rive forme une baie qui projette deux promontoires dans la mer et entre eux se trouve l'île qui ferme la baie car elle s'étend parallèlement au rivage. Des extrémités de Pharos, celle de l'est est plus rapprochée du rivage et du cap qui lui fait face (le cap appelé Lochias) et cela rétrécit le port au niveau de l'ouverture ; à l'étroitesse du passage s'ajoutent des récifs, certains engloutis, d'autres qui surgissent à la surface et qui, à tout moment renforcent les vagues qui viennent du large et qui les frappent. De même l'extrémité de l'île est un rocher battu par la mer sur laquelle se dresse une tour remarquablement construite en marbre blanc avec plusieurs étages et qui porte le même nom que l'île. C'est un don fait par Sostrate de Cnide, ami des rois, pour la sécurité des marins (...) car comme la côte ne possède pas d'abri et qu'elle est basse de chaque côté, et qu'elle est pourvue de récifs et de bas-fonds, ceux qui naviguaient au large avaient besoin d'un signal élevé et visible qui leur permissent de diriger correctement leur course jusqu'à l'entrée du port. »

Pendant des siècles, la tour a guidé les navires jusqu'au port grâce à la lumière produite par le grand feu brûlant au sommet qui se réfléchissait dans un immense miroir en bronze poli.

Bâti pour résister au temps, le phare a rempli sa mission pendant de longs siècles, bravant de multiples tempêtes et tremblements de terre. Il a finalement été gravement endommagé par une série de tremblements de terre dont le plus violent eut lieu en 1308. En 1349, il est hors d'usage. Cette année-là le voyageur arabe Ibn Battûta, qui visite la cité, ne peut même pas accéder à l'entrée tant le monument est ruiné.

À gauche, cette ancienne reconstitution du phare est loin d'être exacte. D'après les sources antiques, la tour n'a que trois étages : une base carrée, un étage octogonal et un sommet circulaire où brûle un grand feu.

Cette statuette en bronze d'un roi en costume égyptien, coiffé de la double couronne de Haute et Basse-Égypte ornée du cobra, symbole de la royauté, remonte à l'époque ptolémaïque. La main tendue du souverain tenait jadis un sceptre.

ravissant, de la laine, du lin, de la cannelle et d'autres épices rares, des fruits, du vin, des parfums capiteux et le papyrus, papier dont l'usage s'est répandu hors d'Égypte.

Le port jouit d'une situation exceptionnelle. Il est protégé de la haute mer et des vents du nord par des récifs et par l'île de Pharos, longue de près de cinq kilomètres. L'île, située à 1,2 km du rivage, est reliée à la terre ferme par une digue appelée l'Heptastade qui divise le port en deux. À l'est, se trouve le Grand Port ou port oriental, protégé par des brise-lames artificiels. À l'ouest s'étend le port d'Eunostos ou port occidental. Chacun d'eux peut accueillir jusqu'à mille deux cents navires. Le phare, l'une des sept merveilles du monde, guide les bateaux qui entrent et sortent du port.

Bâtie sous le règne de Ptolémée II sur les plans de l'architecte Sostrate de Cnide, la tour du phare domine l'île de Pharos du haut de ses cent vingt-cinq mètres. Elle est formée de trois étages de taille décroissante. Le premier est carré, le deuxième octogonal, le troisième, circulaire. Celui-ci supporte une statue colossale de Zeus. Au dernier niveau brûle nuit et jour un feu qui se réfléchit dans un miroir de bronze, glissé dans une rainure, qui entoure le foyer et permet d'orienter la lumière. Les navires voient la lueur émise par le phare jusqu'à cent kilomètres de distance.

Le phare d'Alexandrie est la plus belle réussite technique de la ville qui possède bien d'autres monuments remarquables. Un réseau de canaux, de citernes et de filtres qui purifient les eaux du lac Maréotis et du Nil alimente constamment la cité en eau douce. Un autre canal relie le lac au fleuve. D'après les sources antiques, le volume du commerce fluvial, entre Alexandrie et le reste de l'Égypte, aurait dépassé celui des denrées transitant par le port d'Alexandrie.

Les visiteurs, y compris ceux qui sont habitués aux splendeurs du Proche-Orient, s'émerveillent de la beauté d'Alexandrie. Ils admirent ses larges avenues bordées de portiques, ses grandioses édifices de marbre, de granite rouge ou de calcaire, ses temples et ses théâtres. Avec son toit doré et son style hellénistique, le Sérapeum est l'un des hauts lieux de la ville. Il est dédié à Sérapis, dieu introduit par Ptolémée Ier, qui réunit les personnalités des dieux égyptiens Osiris et Apis et des dieux grecs Zeus et Esculape. Par la suite, le temple sera dédié au savoir et deviendra une annexe de la plus célèbre institution d'Alexandrie : le musée et sa bibliothèque. Ces deux édifices, érigés par Ptolémée Ier dans le quartier des palais, revêtent une importance majeure, tant comme constructions que comme symboles. Ils sont la preuve qu'Alexandrie n'est pas seulement le carrefour commercial du monde mais qu'elle est aussi son foyer culturel.

La bibliothèque d'Alexandrie est le lieu où les connaissances et la science parviennent à maturité. Concentrant tout le savoir humain, elle le rend accessible aux savants. C'est là qu'Érathosthène mesure précisément la circonférence de la terre, qu'Euclide élabore ses traités de géométrie et qu'Hipparque dresse la carte des étoiles et les classe selon leur luminosité. C'est là aussi que Héron invente une machine actionnée par la pression de la vapeur d'eau, qu'Hérophile situe le siège de l'intelligence dans le cerveau et non plus dans le cœur, que Dionysios de Thrace renouvelle l'étude de la langue et qu'Archimède met au point des engins qui, oubliés, ne seront réinventés qu'à la Renaissance. Parmi les sept cent mille rouleaux soigneusement répertoriés et rangés sur les étagères de la bibliothèque figurent les œuvres complètes d'Homère et d'Hésiode, les pièces de théâtre d'Eschyle, Sophocle, Euripide, Aristophane et Ménandre.

Le musée, autrement dit le temple des neuf Muses, les déesses grecques patronnes des arts et des sciences, est également un centre voué aux travaux scientifiques et artistiques. Les savants s'y rencontrent et déambulent sous son promenoir rafraîchi par la brise. Ils partagent leurs repas dans la salle à manger et se réunissent dans une sorte d'auditorium pour échanger des idées. Comme la bibliothèque, le musée abrite ses philosophes, ses spécialistes de la

Jean-Claude Roubaud présente une cruche découverte sur le lieu du naufrage d'un ancien navire, enfoui dans ce qui fut jadis le port royal d'Antirhodos. Comme beaucoup d'objets trouvés à proximité, cette cruche date sans doute du Ier siècle de notre ère.

À droite : Ces deux vases proviennent du petit port de l'île d'Antirhodos. Celui du premier plan date du Ier siècle ap. J.-C. Derrière se dresse une marmite égyptienne du Ier ou IIe siècle ap. J.-C.

La bibliothèque : grandeur et décadence

Dès sa fondation, les Ptolémée n'ont épargné aucun effort pour faire de la bibliothèque d'Alexandrie le plus grand monument consacré au savoir existant au monde. Lorsque Ptolémée Ier Sôter prend le pouvoir en Égypte après la mort d'Alexandre, il décide de créer une institution qui rivalisera avec l'Académie de Platon et le Lycée d'Aristote à Athènes. Centre du commerce international et des échanges culturels, Alexandrie offre un environnement idéal qui attire des savants et des artistes du monde entier. Tous contribuent à faire de la ville un exceptionnel foyer culturel.

Les successeurs de Ptolémée Ier poursuivent son œuvre.
Ils enrichissent sans cesse le fonds de la bibliothèque d'œuvres artistiques, scientifiques et littéraires. Les méthodes d'acquisition des manuscrits précieux ne sont pas toujours des plus honorables. Ainsi Ptolémée III fait saisir les cargaisons de livres des bateaux amarrés dans le port d'Alexandrie. Il en fait exécuter des copies qu'il restitue à la place des originaux. C'est de là que vient le terme de « bibliothèques de bateaux » appliqué à des ouvrages de la collection. En versant une large caution, il a également « acquis » les manuscrits originaux des plus grands dramaturges d'Athènes.

Selon Ammien Marcellin et Aulu Gelle, la bibliothèque comptait 700 000 rouleaux à l'époque de Cléopâtre. Cela représente dix fois le nombre de livres conservés dans toute l'Europe avant l'invention de l'imprimerie quelque mille cinq cents ans plus tard. Sa seule rivale est la bibliothèque de la riche cité de Pergame en Asie Mineure. Marc Antoine a mis fin à la compétition en confisquant deux cents mille de ses rouleaux pour les offrir à Cléopâtre. Auparavant, déjà, les Ptolémée avaient coupé l'approvisionnement en papyrus à Pergame, obligeant ses érudits à écrire sur des parchemins en peau de mouton. Ces derniers, qui se plient plus facilement qu'ils ne se roulent, forment des volumes de feuilles reliées, ancêtres des livres modernes.

Le sort de la bibliothèque d'Alexandrie reste un mystère. D'après la plupart des sources anciennes, elle a été gravement endommagée ou détruite par le feu. Sénèque, écrivain romain, aurait été le premier à avoir commenté l'événement, se félicitant de l'incendie de quarante mille rouleaux « inutiles ».

À la fin du IVe siècle ap. J.-C., l'empereur chrétien Théodose Ier a donné l'ordre d'incendier l'annexe de la bibliothèque, le temple de Sérapis, parce qu'elle était « païenne ». Quelque deux cent mille rouleaux d'une valeur inestimable sont ainsi partis en fumée.
Les manuscrits subsistants ont servi de combustible aux Arabes qui ont envahi l'Égypte en 640.

Les ravages causés au IVe siècle font sombrer l'Occident dans l'âge de l'ignorance. Il faudra attendre la Renaissance pour retrouver l'immense savoir acquis dans les domaines des mathématiques, de l'astronomie et des sciences appliquées. Nombre de chefs-d'œuvre de la littérature sont alors à jamais perdus.

À gauche : Cette gravure allemande du XIXe siècle figure la reconstitution d'une salle de la bibliothèque. Les savants étudient tandis que des employés replacent les manuscrits sur les étagères. Les papyrus, enroulés autour d'une tige, sont catalogués et soigneusement identifiés.

Ci-dessous : Ce détail du *Livre des morts* égyptien montre que dans l'au-delà aussi il y a des champs à cultiver. Le recueil, datant du début du Nouvel Empire est une sorte de guide aidant le défunt à survivre éternellement au royaume des morts.

rhétorique, ses philologues, ses astronomes, ses géomètres, ses géographes, ses hydrostaticiens, ses anatomistes et ses médecins. Pour mener à bien leurs études sans souci matériel, les savants reçoivent une pension allouée par le roi. Les Ptolémée, malgré tous leurs défauts, encouragent et protègent la culture.

Cette tête en marbre et plâtre, trouvée à Alexandrie, est peut-être un portrait de Ptolémée XII Néos Dionysos, achevé après qu'il est rentré d'exil et qu'il a retrouvé son trône en 55 av. J.-C. Cléopâtre ressemblait, dit-on, beaucoup à son père.

De tous les enfants des Ptolémée, Cléopâtre, princesse née en 69 av. J.-C., est la plus avide de savoir, de connaissance. Les garçons et les fillettes de la famille royale sont censés partager le trône et reçoivent la même éducation. La princesse étudie les classiques de la littérature grecque, la rhétorique de Démosthène, l'histoire de Thucydide et d'Hérodote. Elle est particulièrement intéressée par les sciences, et surtout par l'arithmétique, la géométrie, l'astronomie et la médecine. Elle sait dessiner, chanter et jouer de la lyre à sept cordes. Douée physiquement, elle est bonne danseuse et excellente cavalière.

Cléopâtre maîtrise rapidement ce qu'on lui enseigne et exige toujours plus. Elle est la première de la dynastie à apprendre l'égyptien et elle parle couramment plusieurs langues d'Afrique et du Proche-Orient dont l'éthiopien, la langue des Troglodytes, l'hébreu, l'araméen, l'arabe, le mède et le parthe. Elle possède aussi bien sûr le latin.

Cléopâtre complète cette érudition par un esprit fin et vif et un sens développé de l'absurde. Elle développe une intelligence aiguisée et apprend la patience. Ces qualités la font paraître plus âgée. Or, grandir dans le palais n'est pas sans danger. Les Ptolémée ayant tendance à éliminer leurs proches, certains des enfants de la dynastie n'ont guère le temps de vieillir. Cléopâtre ne l'ignore pas. Fière de sa famille – la plus ancienne dynastie régnant alors sur terre –, elle n'en méconnaît cependant pas les penchants meurtriers.

C'est une des raisons pour lesquelles son enfance doit se dérouler entre ombre et lumière. Princesse, elle vit dans le luxe. L'Égypte est la propriété de ses souverains. Les rois prélèvent une part sur tout ce que le pays récolte, fabrique ou échange. Cléopâtre habite ses propres appartements, possède des serviteurs, des chevaux et un navire pour sillonner le port royal. Elle se délecte des mets les plus subtils, plonge son corps dans des bains parfumés et le pare du lin le plus fin et de soies importées. Elle bénéficie des meilleurs professeurs et des richesses de la bibliothèque. Mais, cette magnificence et ces privilèges ne l'empêchent d'être seule. Elle est coupée du peuple par son rang élevé et isolée au sein de sa famille. Sa mère est morte peu après sa naissance. Ses frères et sœurs, des Ptolémée, ne sont pas des amis, mais des rivaux. Elle a une sœur aînée, Bérénice IV. Les femmes de la famille royale s'appellent toujours Bérénice, Arsinoé ou Cléopâtre qui signifie « Gloire à son père ». Sa sœur cadette Arsinoé IV, la plus belle fillette de la famille, et ses deux jeunes frères Ptolémée XIII et XIV sont sans doute les enfants d'une autre épouse de Ptolémée XII.

Cléopâtre est la fille préférée de son père. Il apprécie son intelligence, son humour et sa loyauté. De tous ses enfants, elle est la seule qui semble vraiment l'aimer. Les relations avec Ptolémée XII, un être difficile, doivent être complexes.

Le sobriquet d'Aulète, le Flûtiste, attribué à Ptolémée XII par ses sujets, n'est guère flatteur. Il fait référence à son culte personnel en tant que Néos Dionysos, Nouveau Dionysos, le roi se prenant en effet pour une manifestation du dieu. On l'appelle aussi Nothos, le Bâtard, ce qui est exact puisqu'il est le fils de Ptolémée XI et d'une concubine.

Comme ses prédécesseurs, Ptolémée XII recherche la faveur de Rome, ce qui lui vaut d'être un peu plus détesté de son peuple. Mais il n'a pas le choix. Malgré ses faiblesses, il est intelligent et réaliste. Rome règne désormais en maître sur la Méditerranée. L'un après l'autre, les États grecs indépendants sont devenus provinces romaines. Seule l'Égypte a échappé à ce sort, mais uniquement pour des raisons propres à Rome. Les factions rivales, qui se déchirent au sein de cette grande puissance, craignent que l'annexion de l'Égypte et de sa fabuleuse richesse ne donne un avantage à l'un des partis en lice.

Pour Ptolémée XII, une évidence s'impose : il est impossible de gouverner l'Égypte sans composer avec Rome. Il mène donc une politique pro-romaine dont il fait comprendre la sagesse à sa fille préférée. Alors que Cléopâtre approche de l'adolescence, son père éprouve de plus en de difficultés à se maintenir au pouvoir. Ses extravagances et sa servilité à l'égard de Rome font croître le ressentiment à son égard dans le pays, bientôt au bord de la révolte. Son seul recours est de s'adresser à Rome.

Cléopâtre, voyant son père enfermé dans ce dilemme, éprouve peut-être de la sympathie pour lui, comprenant sans doute son penchant pour la boisson et la débauche. La princesse, qui, malgré sa précocité, n'est encore qu'une enfant, partage ses craintes. Que se passera-t-il si l'on dépose ou si l'on tue son père bien-aimé ? Qu'adviendra-t-il si la couronne échoit à sa sœur Bérénice IV ? Intelligente, cultivée, elle peut prétendre à la succession et représente une réelle menace pour son aînée.

Comme beaucoup de villes modernes, Alexandrie présente un plan en damier. Cléopâtre et ses ancêtres ont vécu dans le quartier des palais, le Bruchion, aujourd'hui englouti, au sud du Grand Port. Cette gravure de Johann Bernhard (vers 1690) figure un port de la cité.

Il est vrai que, comme tous les Ptolémée, elle est ambitieuse. Depuis l'enfance, elle s'est préparée à l'éventualité d'une accession au trône. Fascinée par la politique, elle interroge sans cesse ses précepteurs à ce sujet. Rome laissera-t-elle Chypre aux Ptolémée ? Qui gouvernera la Judée ? La guerre civile romaine prendra-t-elle jamais fin ? Un nouveau dictateur s'imposera-t-il ? S'agira-t-il du riche Crassus ? Du grand Pompée ? Ou encore de Jules César, le brillant général ? Son père aussi l'initie sans doute aux arcanes du pouvoir. Sous son masque de bouffon, il laisse percer devant elle sa ruse et son ingéniosité. On peut sans peine imaginer Ptolémée convoquant sa fille dans ses appartements afin de lui confier ses soucis, ses espoirs et son inquiétude au sujet du fragile équilibre de ses relations avec Rome. On se représente Cléopâtre marchant pieds nus sur le dallage en onyx, franchissant les portes incrustées d'écaille et d'émeraudes pour aller s'asseoir aux pieds de son père et l'écouter pendant des heures.

On peut supposer que son père lui ait parfois permis de se tenir près du trône lors de la réception des ambassadeurs étrangers. Elle n'aurait pas manqué alors d'enregistrer leur tenue, le ton de leur voix et la déférence qu'ils marquent ou non et qui révèle le niveau de leur puissance. Peut-être Ptolémée XII l'a-t-il autorisé à prononcer

La mère de Cléopâtre

On sait peu de choses concernant la mère de Cléopâtre. Qui est-elle et que lui est-il arrivé ? Il s'agit certainement de Cléopâtre VI Tryphène, la sœur et épouse de Ptolémée XII Néos Dionysos, morte en accouchant de Cléopâtre ou peu après sa naissance.

Ces conclusions se fondent sur ce que l'on sait des Ptolémée. En général monogames, ils ont rarement pris de maîtresses ou de concubines. Les reines n'ont pas d'amants. Il s'agit moins d'une question de moralité que d'honneur familial. Les Ptolémée sont très fiers de leur lignage et veillent à conserver la pureté du sang royal.

Le silence des détracteurs de Cléopâtre est un autre argument en faveur de la légitimité de sa naissance. Devenue une ennemie de Rome, Cléopâtre attire sur elle les insultes des écrivains romains qui l'accusent de dépravation, de crime et relatent avec complaisance tous ses défauts. Si elle était une bâtarde, ils n'auraient pas manqué de le signaler.

Ci-dessus : Une femme, assise sur la *meskhénet*, ou siège d'accouchement, est assistée par deux incarnations d'Hathor, déesse qui facilite l'accouchement.

quelques mots pour accueillir un visiteur dans sa langue natale. Comme elle a dû se réjouir de l'expression de surprise affichée par l'ambassadeur et de la fierté de son père ! Mais la précarité de son enfance a dû malgré tout la rendre prudente, même avec son géniteur. Elle ne peut partager ses rêves en toute sécurité qu'avec les morts.

C'est peut-être exactement ce qu'elle a fait. Quel meilleur confident que le héros, à qui elle ressemble tant par l'esprit ? Il est tentant de reconstituer la scène. Après avoir renvoyé précepteurs et gouvernantes, elle descend en courant les marches du palais et remonte une large avenue qu'on appelle simplement « la Tombe ». Elle ordonne aux gardes de chasser les fidèles et les touristes afin de rester seule avec Alexandre, le soldat dont la légende est toujours bien vivante dans la cité.

Dressée sur la pointe des pieds, elle étudie son visage. Son grand-père, Ptolémée IX, a fait fondre le sarcophage en or du conquérant pour payer ses mercenaires. Les Alexandrins, révoltés, lui ont fait payer ce sacrilège de sa vie. Le dôme en cristal, placé au-dessus du corps en remplacement du précieux cercueil, permet de contempler la dépouille. Les embaumeurs ont bien travaillé. Alexandre est aussi beau mort que vivant. Le visage et le corps sont rehaussés par une fine feuille d'or.

Blottie près du cercueil, Cléopâtre se confie au Macédonien. Elle régnera, et pas uniquement sur l'Égypte. Elle restaurera l'empire des Ptolémée et rendra sa puissance à l'Égypte qui sèmera de nouveau la crainte. Pour atteindre son but, elle se servira des Romains détestés, quitte à se laisser utiliser par eux si nécessaire. Au bout du compte, l'Égypte sera la partenaire de Rome et non sa vassale. L'Est et l'Ouest gouverneront le monde ensemble.

« Le plus fort », a dit Alexandre sur son lit de mort. Elle est la plus forte. D'une façon ou d'une autre, elle sera reine.

L'orfèvrerie est l'une des plus belles expressions de l'art égyptien. Ci-dessous, à droite : une bague incrustée en electrum inspirée des bijoux pharaoniques de la XVIIIe dynastie. Ci-dessous : Le plumage du scarabée ailé de ce pectoral du début de l'époque ptolémaïque est incrusté de verre imitant le lapis-lazuli, le feldspath et la cornaline.

Chapitre II

PRINCESSE & REINE

Cléopâtre rêve d'accéder au trône. Mais il lui faut d'abord assurer sa survie. Déjà son destin et sa bonne fortune dépendent de Rome.

En 60 av. J.-C., alors que la princesse fête ses neuf ans, les trois hommes les plus puissants de Rome issus de l'ancienne aristocratie de la ville, forment le premier triumvirat. L'un d'eux, Marcus Licinius Crassus, n'a pas les compétences militaires qui ouvrent normalement la voie du pouvoir, mais il possède une immense fortune. Les deux autres triumvirs, Pompée et Jules César, sont de grands généraux.

Rome, qui a chassé ses rois des siècles auparavant, est fière de sa République et de son gouvernement qu'elle confie au Sénat et à deux consuls élus pour un an. La constitution du premier triumvirat marque la fin de ce système politique, qui sera définitivement banni quelques années plus tard. Mais d'ores et déjà Crassus, Pompée et César dirigent Rome.

Ptolémée XII, dont le pouvoir est chancelant, suit de très près ces événements. Il est détesté des Grecs d'Alexandrie, qui ne peuvent accepter que Rome contrôle leur destinée et qui méprisent sa faiblesse. Pour prévenir la révolte qui gronde, le roi se tourne vers Pompée et César. Les deux triumvirs s'empressent de lui porter secours en échange de six mille talents, l'équivalent des revenus annuels de l'Égypte entière. Ptolémée accepte leurs ruineuses conditions. César fait obligeamment adopter une loi déclarant Ptolémée « ami et allié du peuple romain ». Cette disposition confirme, pour l'heure, l'indépendance nominale de

Le peintre Alexandre Cabanel a représenté Cléopâtre vêtue à l'égyptienne, une vision courante dans l'imagerie du XIXe siècle. En réalité, la reine n'était vêtue de cette manière que lors de certaines cérémonies officielles.

l'Égypte et signifie que les légions romaines s'opposeront à toute tentative visant à détrôner le souverain.

Pompée et César exigent le paiement immédiat de leur colossale indemnité. Mais Ptolémée veut différer le moment d'annoncer à ses sujets qu'ils devront payer davantage d'impôts pour avoir le douteux le privilège de conserver un souverain haï. Aussi préfère-t-il demander l'argent à Caius Postumus Rabirius, un spéculateur romain. Il ajoute ainsi les intérêts de cet emprunt à une dette déjà considérable. L'affaire est un gigantesque et périlleux pari, que le souverain croit inéluctable.

Cléopâtre, mise au courant des accords de son père avec les Romains exécrés, pressent que cette affaire, dès qu'elle sera connue, déclenchera une émeute. Plongée dans une angoisse grandissante, elle retrouve peut-être une lueur d'espoir, lorsque Ptolémée, désireux d'améliorer son image, tente de regagner la faveur des Alexandrins en prenant des mesures populaires, notamment une amnistie générale.

Le roi, déjà très déstabilisé, doit affronter une autre crise : l'annexion de Chypre par Rome. Le royaume insulaire, gouverné par Ptolémée XI, frère de Ptolémée XII, appartient à l'Égypte. Les Romains ont tenté d'adoucir le coup en nommant Ptolémée XI grand prêtre d'Aphrodite à Paphos, ce qu'il a refusé, se suicidant avant d'être déposé par Rome.

En Alexandrie, on vante et on admire l'attitude et le courage du souverain chypriote et les Alexandrins retournent leur fureur contre Ptolémée XII, qui n'a rien fait pour aider son frère. La colère atteint son apogée à l'annonce des nouvelles taxes nécessaires pour honorer la dette engagée auprès de Pompée et de César. Ptolémée XII est chassé de la ville.

Maintenant que son père n'est plus là pour la protéger, Cléopâtre est plus menacée que jamais. Le chaos que connaît l'Égypte n'épargne pas le sommet de l'État. Bérénice IV, la fille aînée de Ptolémée XII, que la plupart des Alexandrins considèrent comme la légitime héritière, accède au pouvoir. Durant cette période, Cléopâtre se fait extrêmement discrète et évite d'indisposer sa sœur, qui n'hésiterait probablement pas à ordonner à un de ses partisans de l'étrangler au milieu de la nuit ou de verser quelque mystérieuse substance dans sa nourriture. Au fil des jours et des semaines, la princesse s'amuse avec ses chevaux et s'enferme pour étudier. Elle s'applique à jouer l'enfant. Elle ne peut espérer survivre qu'en paraissant frivole et superficielle. On ne cherchera pas à tuer une personne aussi peu importante.

Elle ne peut toutefois se rendre complètement invisible. Et si parfois elle rencontre la reine, sa sœur, elle se montre respectueuse et soumise et lui jure une affection et une loyauté éternelles. Cléopâtre a la chance d'être confrontée à la moins perspicace des Ptolémée. Bérénice se convainc que Cléopâtre ne mérite pas son attention et concentre ses efforts sur son mariage dans le but de conforter son pouvoir.

Les reines lagides ont parfois régné seules, mais cette pratique allait à l'encontre de la tradition qui les oblige à partager le trône avec un roi. Dans la famille royale, il est d'usage de se marier entre frères et sœurs. Mais Bérénice transgresse la règle et refuse même d'avoir un lien nominal avec ses jeunes frères. Elle tourne son regard vers l'étranger. Elle se fiance avec deux princes séleucides et s'unit brièvement à un troisième, un rustre que les Alexandrins surnomment Cybiosacte (Marchand de poisson salé). Bérénice, qui partage leur opinion, ne le supporte que trois jours et le fait étrangler.

La deuxième année de son règne, Bérénice épouse Archélaos, le fils illégitime d'un ancien roi du Pont, en Asie Mineure, au physique avantageux. Il semble capable d'aider sa femme à repousser une éventuelle invasion étrangère. Or, Bérénice s'est mariée sans demander, ni obtenir le consentement de Rome ; elle a commis là une grave erreur.

LE GOUVERNEMENT ROMAIN

À la fin du VIe siècle av. J.-C., la cité-État de Rome a renversé la monarchie et institué une République, dirigée d'abord par le Sénat. Le nombre de sénateurs, variable, s'élève habituellement à plusieurs centaines. Ces hommes sont en général les patriarches des clans patriciens.

Le pouvoir oligarchique de l'aristocratie est convoité par l'autre classe de citoyens romains, celle des plébéiens, qui regroupe les paysans, les ouvriers et les commerçants. Les plébéiens ont leur propre corps législatif, l'Assemblée, aux pouvoirs restreints, celui notamment de voter les lois. Elle ne vote que des lois qui s'appliquent aux plébéiens. Au cours du temps cependant, les plébéiens limitent le pouvoir des aristocrates. À l'époque de Jules César, les lois votées par l'Assemblée concernent tous les Romains et l'un des deux consuls qui exercent le pouvoir exécutif pour l'année est un plébéien. Les consuls entrant au Sénat à l'expiration de leur mandat, un plébéien peut tout à fait devenir sénateur.

Ci-dessus : détail d'une fresque de Cesare Maccari, *Cicéron au sénat accusant Catalina de complot.*

Ci-dessus : Dans les temples égyptiens, les Ptolémée, hommes et femmes, sont figurés avec les attributs de la royauté pharaonique, couronne, uræus et barbe postiche.
À droite : Portrait d'une reine ptolémaïque. Les femmes de la famille royale légitiment le fils du dieu, l'Horus terrestre. Elles ont une influence importante et peuvent exercer la régence pendant la minorité de leur fils après la mort du roi.

Bien que la situation soit encore instable, un semblant de normalité revient en Égypte. Bérénice évite de s'attirer des ennemis dans le royaume. Avec un roi à ses côtés, elle a consolidé son trône. Pourtant son père, en exil, constitue toujours une menace. La reine et ses partisans semblent l'ignorer et penser qu'il ne reviendra pas. Ils comptent sur sa faiblesse et négligent ses autres traits de caractère – ruse, ténacité et férocité – qui sont déjà entrés en action. Ptolémée prépare son retour.

Ptolémée XII a trouvé refuge à Rome où il entend recueillir le bénéfice du très coûteux accord conclu avec Pompée et César qui combat alors en Gaule. Pompée, qui le reçoit de bonne grâce, ne se hâte pas de lever une armée pour lui restituer son trône. Rabirius, qui a prêté la somme versée à Ptolémée aux deux triumvirs, est plus empressé de récupérer son argent. Il harcèle Pompée à qui il rappelle qu'un roi régnant est plus susceptible de payer sa dette qu'un souverain exilé. Pompée se rend à ses arguments. En outre, le triumvir n'a pas apprécié que Bérénice ait installé sur le trône d'Égypte un roi dont le choix lui a complètement échappé.

Pour prévenir les manœuvres du roi, les ennemis de Ptolémée à Alexandrie dépêchent une ambassade d'une centaine d'hommes avec mission de convaincre les Romains de ne pas soutenir le monarque déchu. Ptolémée, sans doute avec le concours de Pompée, fait assassiner la plupart d'entre eux dès leur arrivée. Les survivants se gardent bien de dénigrer le souverain. Cette affaire réglée, Ptolémée s'embarque pour le sanctuaire le plus sacré du monde gréco-romain, le temple d'Artémis à Éphèse et laisse aux Romains le soin de décider qui l'aidera et comment. Cette aide semble en tout cas acquise. Les Romains ont toujours agi en fonction de leurs propres intérêts.

Cette fois encore, il en est ainsi. Pompée ordonne à Aulus Gabinius, le gouverneur de la province de Syrie récemment arrachée aux Séleucides, de rendre le trône d'Égypte à Ptolémée. À nouveau, le roi s'engage à payer le prix du service rendu par les Romains. Il doit verser dix mille talents à Gabinius (diminués de la part de César et Pompée), une somme qui ruinerait même le trésor égyptien. Le roi ignore où il trouvera l'argent et s'en moque. En revanche, il sait que plus le montant sera élevé, plus les Romains se donneront du mal pour l'encaisser.

Gabinius part de Judée pour attaquer la frontière orientale de l'Égypte. Le commandant de la cavalerie, un jeune officier du nom de Marc Antoine, enlève sans difficulté la forteresse de Péluse. Gabinius poursuit sa marche vers Alexandrie. Archélaos prend la tête de la défense, mais en vain. Il meurt sur le champ de bataille. Gabinius triomphe et Ptolémée XII récupère son trône.

Les Alexandrins n'ont aucune raison de se réjouir. Cléopâtre est l'une des seules à être heureuse de revoir son père. Elle n'a plus à se cacher de sa sœur et à s'humilier devant elle.

Ptolémée XII ne manque certainement pas de célébrer son retour par un banquet. Sa fille Cléopâtre est la plus rayonnante des convives. Si cette fête, que ne mentionne pas l'histoire, a vraiment eu lieu, on peut l'imaginer ainsi :

Dans l'immense salle des banquets du palais, se massent des centaines d'invités, dont Gabinius et ses officiers, allongés sur des lits à la mode romaine. Ils boivent du vin de Falerne dans des coupes en or et mangent dans des plats en or incrustés de pierreries. Le menu a de quoi satisfaire l'appétit légendaire des Romains : bœuf rôti, sanglier, huîtres délicieuses cuites à la vapeur avec des algues, poisson et crustacés. À cela s'ajoutent viande de crocodile et d'hippopotame, viande de paon et de flamant rose, cailles et grives. Au dessert

Ce pectoral du IVe siècle av. J.-C. et ce bracelet de 1000 av. J.-C. témoignent du raffinement de la joaillerie égyptienne. Les deux bijoux sont en or, métal qui abonde en Égypte contrairement à l'argent.

défilent des pâtisseries arrosées de miel, des crèmes onctueuses, raisin, figues, dattes et baies rafraîchies dans de la glace importée de Thrace. Même s'ils désapprouvent ce luxe ostentatoire, les Romains sont vivement impressionnés.

Cléopâtre s'est parée avec soin. On l'imagine vêtue d'une robe à la mode grecque, en soie de grande qualité, tissée avec une finesse remarquable. Peut-être a-t-elle choisi des bijoux égyptiens : des brassards en or et un collier complexe en or, lapis-lazuli, turquoise et cornaline. Sur son front, elle arbore le fin diadème en or d'une princesse égyptienne. Elle veut paraître à son avantage afin que son père soit fier de la présenter à ses invités romains.

L'histoire ne dit pas si les réjouissances célébrant le retour du roi ont atteint leur but. Ont-elles comblé les invités et rehaussé la gloire de leur hôte ? Peut-être pas. Le jugement de Ptolémée est parfois dangereusement erroné. Il est possible d'imaginer aussi que la soirée a mal tourné. Et que les rigides Romains, séduits par le repas somptueux et le vin, heureux de leur victoire militaire, se sont laissés aller à rire, à porter des toasts et à plaisanter entre eux. Le penchant de Ptolémée pour l'alcool l'a peut-être empêché de se comporter avec toute la dignité voulue devant ces étrangers. Peut-être s'est-il mis à jouer de la flûte et à danser sans retenue, ce qui aurait fort déplu aux Romains, qui méprisent la danse et l'assimilent à l'ivresse et à la décadence. Mais le roi, qui a l'habitude de se comporter ainsi en public, n'a peut-être pas pu s'empêcher de gesticuler et virevolter devant les Romains comme un ivrogne. En fait il s'agit d'un choc entre les cultures de l'Occident et de l'Orient. Ce que les étrangers qualifient de débauche n'est autre pour Ptolémée XII que la célébration d'un culte.

Le roi ne s'est pas donné le sobriquet d'Aulète, le Flûtiste, mais le nom de Philopator Néos Dionysos, Celui qui aime son père, le Nouveau Dionysos. Il considère le dieu comme son maître et se prend pour son représentant sur terre. Les Romains identifient Dionysos à Bacchus, le dieu de la vigne et des festivités. En Orient, il a une personnalité différente. Dieu de l'extase mystique, de la résurrection et de l'immortalité, il est identifié en Égypte au dieu Osiris. C'est un dieu aimé que ses adeptes honorent en jouant de la musique et en dansant.

Mais les Romains ne sont pas sensibles à ces subtiles nuances. Et si cette nuit-là Ptolémée XII a vénéré son dieu avec sa flûte et son corps, ils l'auront simplement pris pour un ivrogne se donnant en spectacle. Il aura dégoûté tous les Romains sauf un. Marc Antoine, le beau et jeune officier de cavalerie aux cheveux noirs, aime, dit-on, les étranges usages des Grecs. On l'imagine couché sur son lit, appuyé sur un coude, souriant et hochant la tête au rythme de la musique. Il s'amuse.

S'il en est ainsi, nul doute que Cléopâtre, fort observatrice, ne lui en ait été reconnaissante. Elle apprécie l'aide qu'il a fournie à son père, Péluse, et son refus de juger maintenant le roi.

L'ART DU MAQUILLAGE

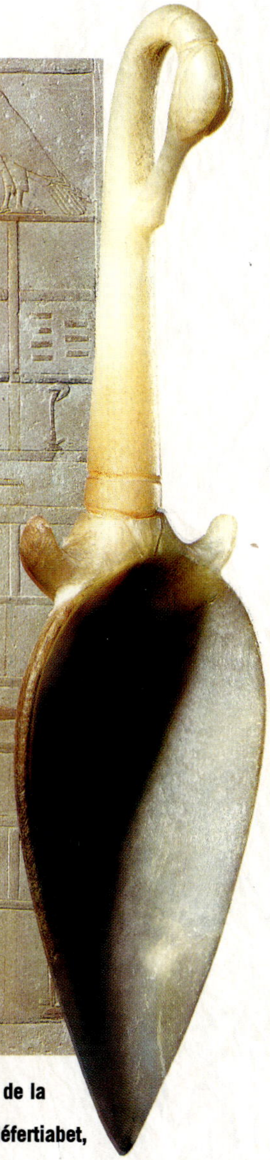

Au temps de Cléopâtre, on maîtrise l'usage des fards depuis longtemps en Grèce et en Égypte. Avec des minéraux réduits en poudre, comme la galène vert-noir, on assombrit les paupières, avec l'ocre rouge on teinte les lèvres. Les femmes égyptiennes se teignent les ongles, les plantes des pieds, les paumes des mains et les cheveux avec du henné de couleur rougeâtre.

Les femmes grecques éclaircissent leur peau avec une poudre de plomb et fabriquent le rouge pour les joues et les lèvres avec des extraits de plantes et d'algues.

On attribue à Cléopâtre un traité sur les cosmétiques qu'elle n'a probablement pas écrit. Mais en lui donnant son nom, on a voulu rendre hommage à sa beauté et à son habileté à manier fards et poudres.

Ci-dessus : Stèle de la ravissante princesse Néfertiabet, vers 2560 av. J.-C.

Ci-dessus, à droite : Cuiller à fard en albâtre en forme de feuille. Le manche se termine par une tête de canard, décor courant pour les objets de toilette.

Les plongeurs ont trouvé deux bagues, postérieures à l'époque ptolémaïque, parmi les objets d'une épave. L'une, entièrement en or, est couronnée d'une pyramide. L'autre, en or également, sert de monture à une calcédoine bleue, une variété de quartz. La pierre est décorée d'une intaille gravée en creux, dont l'empreinte est en relief.

À droite : La collection de bijoux de Cléopâtre se composait probablement de joyaux égyptiens et de fines parures grecques semblables à celles reproduites ici. Les têtes d'animaux sont des motifs courants tout comme le nœud d'Hercule, ornant ici une pièce qui se rattachait à un diadème ou un bandeau royal.

Les Alexandrins ont aussi toutes les raisons de remercier Marc Antoine, tout Romain qu'il soit. Ptolémée veut laisser pourrir sur place le corps d'Archélaos, le mari de Bérénice IV, tombé sur le champ de bataille. C'est la pire insulte qu'un Grec puisse infliger à un compatriote. Antoine, lui, insiste pour l'enterrer dignement. Il empêche aussi Ptolémée XII de massacrer les prisonniers de l'armée adverse. Les habitants d'Alexandrie confessent que le jeune officier a une nature généreuse et un bon cœur. Mais même Antoine est impuissant à sauver Bérénice. Ptolémée XII ne pardonne pas la trahison de sa fille, qu'il fait assassiner.

On ignore ce que Cléopâtre a ressenti lors de cette exécution. A-t-elle eu du chagrin, s'est-elle réjouie ? Il est probable que la joie l'a emporté. Elle s'attendait à subir le même traitement de la part de sa sœur. Bérénice ayant trahi son père et usurpé le trône, pour un Ptolémée, sa mort devait paraître normale.

Pour Cléopâtre, elle est également opportune. La lutte entre les Ptolémée a fait d'elle l'aînée des enfants, la première héritière.

La guerre civile a d'autres conséquences. Gabinius et Rabirius entreprennent d'extorquer à l'Égypte le plus d'argent possible. Rabirius se fait nommer à un poste clé du gouvernement afin de mieux organiser le pillage.

Mais il est rapidement contraint de s'enfuir pour échapper à la vindicte des Alexandrins. Rabinius et Gabinius regagnent Rome où ils sont poursuivis pour des malversations qui dépassent de loin les règles pourtant très souples définies par les triumvirs. Gabinius est condamné et exilé. Rabirius réussit à se faire acquitter puis il se plaint d'avoir été ruiné par Ptolémée XII qui n'a pas acquitté sa dette. Jules César détourne momentanément son attention de la conquête des Gaules pour annoncer qu'il se chargera, moyennant rétribution, du recouvrement de ses créances une fois la victoire acquise. C'est une promesse qui se révélera capitale pour Cléopâtre.

Après le rétablissement de Ptolémée sur son trône et le départ de leur chef Gabinius, de nombreux mercenaires, Germains et Gaulois pour la plupart, restent en Égypte, et passent au service du roi. Ptolémée contrôle étroitement cette armée qui contribue à dissiper l'idée fort répandue qu'il n'est qu'un bouffon. Il brandit la menace de ces soldats pour ramener à l'ordre les mécontents, notamment les commerçants d'Alexandrie et les fermiers du Delta qui ont souffert des prévarications de Rabirius.

Sans doute assagi par son éviction du trône et son exil, Ptolémée remet de l'ordre chez lui, à la fois en tant que roi et que père. Il lance un vaste programme de travaux publics qui comprend l'érection de

Sur ce calice, destiné à boire du vin et décoré d'une peinture attique à figures rouges datant de 510 av. J.-C., se produisent une danseuse et un flûtiste. Dans l'Antiquité, on attribuait des pouvoirs magiques aux joueurs de flûte.

En 1877, lorsqu'il peint cette version d'une fête égyptienne au temps de Cléopâtre, l'orientaliste anglais Edwin Long commet plusieurs erreurs. Il assied les convives sur des chaises à la mode anglaise alors que les festins de Cléopâtre suivent l'usage gréco-romain. Les invités reposent sur des lits placés le long des tables du banquet. Chaque couche accueille trois personnes. Les dîneurs s'appuient sur le coude gauche et mangent de la main droite. L'artiste, qui se fonde sur les écrits de l'historien grec Plutarque, montre aussi des serviteurs qui tirent un traîneau surmonté d'une momie. La méprise vient ici de Plutarque qui pense à tort que ce rituel clôt tous les banquets égyptiens. En fait, la momie n'apparaît que dans les fêtes funéraires pour rappeler aux vivants la brièveté de leur existence.

Le dieu de l'extase

Fils de Zeus et d'une mortelle, Dionysos est le dieu qui a apporté aux hommes la vigne et le vin. Pour les Grecs, il n'est pas le dieu de l'ivresse mais celui du délire extatique et de la révélation mystique qui exigent qu'on se défasse de ses inhibitions. La racine grecque du mot « extase » signifie littéralement « être hors de soi-même ». La musique et la danse, qui font partie du culte du dieu, forment avec le vin les moyens d'atteindre l'extase. C'est ce qu'atteste cette coupe attique du Ve siècle à figures rouges représentant Dionysos jouant de la lyre.

Dionysos bénéficie d'un culte à mystères, c'est-à-dire que ses adeptes sont initiés à des rites secrets, sans doute liés en partie à la fertilité, car Dionysos est un dieu de la terre et de la végétation. Certains Grecs sont consternés par la popularité du dieu dont ils jugent l'influence néfaste. Ses adeptes, des femmes surtout, semblent perdre toute raison lors de la célébration des rites. Pour ses fidèles, le dieu rend la vie plus joyeuse et apporte la promesse de l'immortalité. C'est pour cette raison que les Égyptiens l'ont identifié à Osiris, le dieu des morts.

nouveaux édifices et la restauration des temples. Il semble vouloir montrer qu'il est un Ptolémée pour le meilleur et pour le pire. Féroce et décadent, comme certains de ses ancêtres, il laisse aussi un héritage précieux et durable.

Son règne touche à sa fin alors qu'il n'a que cinquante ans. Dès que sa santé s'altère, il prend les mesures nécessaires pour assurer la continuité de la dynastie. Il rédige un testament qui institue sa fille aînée et son fils Ptolémée XIII, âgé de dix ans, héritiers de la couronne.

Une copie du testament est conservée sous scellés à Alexandrie. Conformément à un usage récent, un double de l'acte est envoyé à Rome par sécurité. Il échoit dans les mains de Pompée. Dans son testament, Ptolémée XII exhorte les Romains à respecter l'alliance conclue avec l'Égypte en faisant appliquer ses dernières volontés.

Peu après avoir accompli son devoir, Ptolémée meurt. Comme il l'a décidé, sa fille aînée et son fils héritent conjointement du royaume. À l'âge de dix-huit ans, Cléopâtre VII Philopator, Celle qui aime son père, devient reine d'Égypte.

Pour un temps.

Cette statuette en bronze du Ier siècle ap. J.-C. figure le dieu Horus qui est associé à la puissance guerrière du pharaon depuis la plus haute Antiquité. Le dieu conserve son iconographie égyptienne, un corps d'homme et une tête de faucon coiffée d'une perruque à trois pans, mais adopte la tenue militaire des Romains.

Double page suivante : Roland Savoye filme Fernando Pereira qui remonte un vase à la surface.

Leclerc
1818

Chapitre III

FEMME ET AMANTE

Conformément à la tradition ptolémaïque, le couronnement de Cléopâtre se déroule à Alexandrie et observe le rituel grec. Une autre cérémonie a lieu cependant à Memphis, l'ancienne capitale égyptienne, à la pointe du Delta. La reine y reçoit les attributs que les pharaons ont portés pendant des millénaires : le crochet, le fouet et la double couronne ou *pschent*, formée de la mitre de Haute-Égypte ou Dame de la Crainte, et de la couronne rouge de Basse-Égypte ou Dame de Magie.

Une autre couronne se présente sous la forme d'un diadème sur lequel se dresse un *uræus*, ou cobra. Ce superbe bijou est délicatement travaillé et incrusté de pierres et de verre coloré. Le cobra est l'incarnation d'une déesse protectrice de la royauté qui crache ses flammes contre les ennemis du roi, il personnifie également la déesse Ouadjet, tutélaire de la Basse-Égypte.

Cléopâtre s'intéresse plus que ses prédécesseurs à l'Égypte pharaonique, un pays dont l'histoire compte déjà plus de deux millénaires au moment où naît la Grèce. La reine semble aussi fière de son passé que de son héritage grec. C'est pourquoi, de tous les Ptolémée, elle est la seule à avoir pris la peine d'apprendre l'égyptien et à s'efforcer de comprendre ses quelque huit-millions de sujets autochtones, dont l'immense majorité vit hors d'Alexandrie ? Comme Alexandre, elle devine que le gouffre culturel qui sépare la classe dirigeante de la population locale fragilise la royauté.

Sur ce relief d'époque gréco-romaine, la déesse Isis-Hathor accueille un pharaon. Cléopâtre, comme les autres reines ptolémaïques, aime à être représentée sous l'aspect d'Isis, coiffée des cornes d'Hathor.

Les symboles du pouvoir

Le pharaon est le tout puissant seigneur du Double-Pays (Haute et Basse-Égypte). Il est à la fois roi et dieu. Il est l'incarnation d'Horus, le fils d'Osiris. La royauté n'est pas seulement un devoir ou un privilège accordés par une force surnaturelle, mais une fonction divine. Celui qui exerce cette charge gouverne selon les principes de Maât, l'harmonie, l'équilibre et la justice, et assure la pérennité et la prospérité du royaume. Les pharaons reçoivent les insignes suivants : le crochet et le fouet, symboles de pouvoir et de bienfaisance ; la double couronne formée de la couronne blanche du Sud et de la couronne rouge du Nord qui, associées, représentent l'Égypte unifiée ; et le némès, la couronne faite d'une étoffe rayée. Les reines se distinguent aussi par leurs emblèmes. Ce relief de la XIXe dynastie à Karnak figure la reine Ahmès Néfertari divinisée, coiffée de la dépouille de vautour, empruntée à la déesse Nekhbet tutélaire de la Haute-Égypte. Au-dessus est fixé le *modius*, une couronne entourée de cobras, surmontée de hautes cornes lyriformes encadrant le disque solaire et deux plumes. Sur le front de la reine se dressent le cobra protecteur de la royauté et de la Basse-Égypte et la tête du vautour, emblème de la Haute-Égypte. Dans la main, la souveraine tient un chasse-mouche.

En face : Cette peinture, qui provient d'une tombe, représente Osiris, seigneur de l'Occident. Les Égyptiens situent le monde souterrain où vivent les morts du côté où le soleil se couche. Osiris, qui enserre le crochet et le fouet, est coiffé de la couronne ouréret, composée de la couronne blanche et de deux plumes. Devant le dieu, sur une fleur de lotus, se dressent les quatre fils d'Horus qui protègent les viscères embaumés.

Pendant les deux siècles et demi de la domination lagide, les cultures égyptienne et grecque se sont développées de façon indépendante.

Il est quelques domaines cependant où elles se sont rencontrées, tels l'art et l'architecture. Il y a eu aussi des mariages mixtes, même si les unions contractées entre Grecs et Égyptiens ne sont pas reconnues légalement. Mais, dans l'ensemble, les coutumes et les croyances égyptiennes restent impénétrables à l'hellénisme. La religion, surtout, résiste à tout changement. Le panthéon égyptien, complexe et varié, qui régit tous les aspects de la vie et de la mort, est incompréhensible pour les étrangers. Ils s'égarent parmi les dieux majeurs et secondaires, les divinités locales et nationales, les dieux qui empruntent la personnalité de leurs comparses, les dieux vénérés en groupe ou séparément, les dieux à forme humaine et les dieux hybrides avec un corps d'homme et une tête de faucon, chien, vache ou crocodile. Peu importe l'origine des conquérants, les dieux conservent le caractère sacré du pays et le protègent des envahisseurs.

C'est grâce à la religion, qui sépare pourtant, de manière radicale, les souverains grecs de leurs sujets égyptiens, que les Égyptiens acceptent cependant la domination des Grecs. Car la religion égyptienne a besoin de rois. Les pharaons ont longtemps été le lien entre la terre et le ciel. De nature divine, ils jouaient le rôle d'intermédiaires entre les dieux et les hommes. Après la disparition des pharaons, les Égyptiens, pour perpétuer le culte, jettent leur dévolu sur les monarques grecs. Ainsi, tout en détestant les souverains étrangers qui les pressurent économiquement, les Égyptiens les vénèrent, et les prêtres, qui dominent la population locale, coopèrent avec le régime des Ptolémée.

Ptolémée Ier avait compris l'importance de la religion. Dans l'espoir de maintenir la dynastie, il s'était efforcé de séduire l'Égypte en honorant ses dieux et en faisant fusionner certains d'entre eux avec les divinités grecques. Il avait ordonné à ses successeurs de respecter les dieux égyptiens et d'entretenir leurs temples. Ses héritiers ont tous plus ou moins respecté sa volonté. Ce stratagème a bien fonctionné. Malgré quelques révoltes et tentatives pour rétablir des dynasties locales concurrentes en Moyenne ou en Haute-Égypte, les Grecs ont réussi à maintenir leur contrôle sur une population numériquement beaucoup plus importante qu'eux.

Ptolémée XII s'est particulièrement soucié des temples. Ainsi, dans la ville de Thèbes, en Haute-Égypte, il a mené des travaux de restauration dans le temple d'Amon-Rê, le roi des dieux, à Karnak. La petite chapelle, fondée deux mille ans plus tôt, est devenue le plus vaste et le plus beau lieu de culte du monde. Rendre au temple sa splendeur passée ne pouvait que lui gagner la faveur des Égyptiens.

La reine Cléopâtre poursuit la politique de son père en matière religieuse. Après son couronnement, elle cherche à se rapprocher étroitement des dieux égyptiens. Aussi saisit-elle l'opportunité qui se présente de le faire.

À l'époque, la plus célèbre divinité de Haute-Égypte est le taureau Boukhis, vénéré comme une incarnation de l'âme (*ba*) de Rê et élevé dans l'enceinte sacrée du temple d'Hermonthis, à quelques kilomètres au sud de Thèbes. Lorsqu'un taureau sacré meurt, il est remplacé par un autre bovidé au cours d'une fête grandiose. En général, les Ptolémée envoient des représentants assister à ces fêtes auxquelles ils ne participent pas en personne. En 51 av. J.-C., Cléopâtre remonte le Nil pour prendre part à la cérémonie d'investiture du nouveau Boukhis. Ce geste lui vaut la sympathie du peuple qui la salue non seulement sous le nom de Cléopâtre VII Philopator, mais qui l'appelle aussi la Maîtresse des Deux-Terres, Cléopâtre Théa Philopator, la Déesse qui aime son père.

Pour la jeune reine, le voyage à Hermonthis est un geste politique. Comme son père et bien d'autres Ptolémée, c'est un être pétri de contradictions. Pragmatique et réaliste, elle est aussi très dévote. En conduisant le magnifique taurillon au milieu des rangs de prêtres, elle éprouve une grande fierté et elle s'efforce de se montrer digne de son rôle d'incarnation d'Isis, de déesse sur terre.

Les dieux de l'Égypte

L'Égypte compte une multitude de dieux dont la personnalité évolue. Au cours des trois mille ans d'histoire du pays, le statut des dieux a varié selon l'époque et les lieux. Un dieu majeur de la IVe dynastie occupera un rang secondaire sous la XIXe dynastie et un dieu important à Thèbes sera mineur en Basse-Égypte.

Pour compliquer encore ce tableau mouvant, les attributs et les fonctions d'un dieu ressemblent parfois de manière troublante à ceux d'un de ses compagnons. Pour finir, les deux divinités sont vénérées ensemble ou ne forment plus qu'une seule entité. Les influences étrangères ajoutent de nouveaux dieux aux anciens.

Grâce à cette souplesse, la religion égyptienne s'est perpétuée pendant plus de trois millénaires. Le culte d'Isis, figure majeure du panthéon, s'est maintenu longtemps à l'ère chrétienne, bien après que d'autres divinités païennes ont été délaissées puis oubliées.

Sur les pages suivantes, outre Osiris, le dieu des morts et son épouse Isis, la mère d'Horus, sont évoquées les principales divinités égyptiennes au temps de Cléopâtre.

Ci-dessous : Cette figurine momiforme représente trois dieux en un. La statuette funéraire, datée de 200 av. J.-C., montre Ptah-Sokar-Osiris faisant face au dieu faucon Horus. Ptah est un dieu créateur, Sokar le gardien de la nécropole de Memphis et Osiris, le souverain des morts. Les statues de Ptah-Sokar-Osiris, souvent creuses, abritent un papyrus couvert de formules magiques qui protègent le mort. Horus, dieu faucon du ciel et fils d'Osiris et d'Isis, joue aussi un rôle protecteur. Sur le socle de la statuette sont peints une série de signes ankh et ouas, symboles de la vie et du pouvoir, donnés au mort dans l'au-delà.

À droite : Le relief sculpté sur cette stèle commémore une fondation royale. À droite, le pharaon, vêtu d'un pagne et coiffé de la double couronne, présente les vases-*nou* remplis de vin à Sekhmet, déesse de la destruction à tête de lionne, et à son fils Héka, dont le nom signifie « Pouvoir magique ». Une souveraine, parée de la coiffure des reines, joue du sistre, l'instrument de musique de la déesse Hathor, devant Sekhmet. Comme elle précède le pharaon, il n'est pas impossible qu'il s'agisse de Cléopâtre VII. Au sommet de la stèle, un disque solaire ailé protège la scène.

Cette représentation du taureau Apis, ci-dessus, est sans doute l'œuvre des célèbres manufactures de verre d'Alexandrie de l'époque ptolémaïque. Apis est l'un des seuls animaux de la religion égyptienne à ne pas être seulement le symbole d'un dieu, mais aussi un dieu lui-même. D'après la légende, le taureau sacré est conçu lorsque la foudre frappe une vache. On le reconnaît à certaines marques : des ailes dessinées sur le dos et un scarabée sacré sur la langue. Il n'y a qu'un Apis à la fois. Il vit, choyé, dans l'enceinte du temple. Après sa mort, il est momifié et enterré dans un cimetière particulier, le Sérapeum de Sakkara.

Ci-dessus : La déesse Hathor possède un visage de femme et des oreilles de vache, son animal sacré. Déesse de l'amour, de la joie et de la musique, elle a pour instrument le sistre, une sorte de hochet. Elle est l'une des rares divinités égyptiennes à être représentée de face plutôt que de profil. Bès, le nain, protecteur des femmes en couches, en est un autre exemple. Hathor et Isis sont souvent associées.

À gauche : Cette statuette turquoise et bleu foncé, en faïence glaçurée, représente Isis allaitant l'enfant Horus. Sur sa tête se dresse le signe du siège d'où dérive son nom, *Aset* en égyptien que les Grecs ont transformé en Istis, puis Isis. En haut, à droite : Cette figurine en marbre vert représente le dieu Horus avec une tête de faucon et un corps de crocodile, l'une de ses nombreuses formes. Pour les Égyptiens de l'époque, les babouins du socle identifient Horus au dieu solaire lui-même. À droite : Sekhmet, à tête de lionne, fille du puissant dieu solaire Rê et épouse de Ptah, est la déesse de la guerre et des épidémies qu'elle sait aussi guérir. Œil brûlant de Rê, Sekhmet est l'arme envoyée sur terre par Rê pour punir l'humanité qui lui a désobéi.

La reine sans doute apprécie ce pèlerinage en Haute-Égypte qui est l'occasion de s'évader d'Alexandrie où elle n'est ni aimée, ni vénérée, Alexandrie où la plupart des Grecs reportent sur elle le mépris qu'ils éprouvaient pour son père et sa politique pro-romaine. Et Cléopâtre a d'autres soucis encore, venus de Rome.

Deux ans avant son avènement, Crassus, membre du premier triumvirat avec Pompée et César, a tenté de prouver ses capacités militaires pour légitimer le statut privilégié dont il jouissait à Rome. Mais, il n'a démontré que son incompétence. Il s'est fait tuer au cours de la campagne qu'il a lancée contre l'empire parthe, voisin de la province romaine de Syrie. Les Parthes ont mis son armée en déroute et envahi la Syrie qu'ils occupent en partie. Le gouverneur romain de la province, Marcus Calpurnius Bibulus, se tourne vers Cléopâtre pour obtenir de l'aide, et dépêche ses deux fils auprès de la nouvelle reine d'Égypte afin qu'elle envoie en Syrie les mercenaires de Gabinius, hérités de Ptolémée XII. Cléopâtre donne son accord, mais les soldats, confortablement installés en Égypte, n'ont aucune envie de quitter cette terre d'accueil et l'expriment en organisant l'assassinat des fils de Bibulus. La reine, indignée, fait arrêter les meurtriers et les livre Bibulus, s'attirant ainsi l'hostilité de l'armée et prenant le risque de voir les soldats s'unir à ses sujets mécontents pour la renverser.

La Nature elle-même semble alors conspirer contre elle. Le Nil, dont la crue annuelle est essentielle à la survie du pays, refuse obstinément de monter. Les récoltes sont maigres, la famine menace.

Peut-être qu'avec plus d'expérience et de maturité, Cléopâtre saurait faire face aux problèmes qui l'assaillent. Mais elle laisse l'orgueil et l'ambition l'emporter sur le bon sens, et choisit ce moment peu opportun pour déclarer à son peuple qu'elle entend régner seule sur l'Égypte.

Le cou gracile et le long bec recourbé qui complétaient le corps en pierre de cet ibis, incarnation de Thot, étaient sans doute en bois ou en bronze.
Ci-dessous : Ibis.
Double page suivante : Vue du temple de Louqsor exécutée par Karl Werner en 1870. Le long de la colonnade d'Aménophis III (XVIIIe dynastie), glisse une *dahabieh*, bateau sur lequel les touristes visitaient l'Égypte au XIXe siècle.

La tradition ptolémaïque veut que les rois et les reines règnent conjointement, la reine occupant le second rang derrière son époux. Lorsque le roi est mineur, comme c'est le cas de Ptolémée XIII, frère de Cléopâtre, un conseil de régence le représente et partage le pouvoir avec la reine jusqu'à sa majorité. La reine, ignorant à la fois cet usage et le testament de son père, fait fi de son frère et du conseil. Elle exclut Ptolémée des cérémonies officielles, gouverne seule, et frappe des pièces de monnaie ornées de son seul portrait, sur lesquelles nulle référence n'est faite à son frère.

Peut-être estime-t-elle que l'Égypte, sa dynastie et son propre destin exigent qu'elles prennent cette décision. Son frère, corrompu et sans grande volonté, d'une intelligence inférieure à la sienne n'acquerra jamais les qualités d'un bon souverain. Quant au chef du conseil, l'eunuque Pothin, tuteur de Ptolémée, c'est un personnage que Cléopâtre abhorre et en qui elle n'a aucune confiance. Cet homme de haute taille, aussi gauche qu'un ibis, coiffé de bouclettes enduites d'huile et paré de robes incrustées de joyaux, maquillé à outrance, qui ferait rougir une prostituée, est une constante menace pour elle. Car en dépit de son aspect ridicule, il est habile et énergique et bénéficie d'un large soutien.

Pothin rallie en effet tous les mécontents : l'armée, les Égyptiens victimes des mauvaises récoltes, et surtout les Grecs d'Alexandrie qui haïssent la reine, auprès desquels il se contente de souligner que Ptolémée XIII est faible et facile à manipuler ce qui n'est pas le cas de sa sœur, ferme et décidée, et donc susceptible de céder l'Égypte à Rome à la première occasion.

La reine perd petit à petit du terrain. Après l'affaire des fils de Bibulus, elle est contrainte de se montrer en public avec son frère pour éviter un soulèvement semblable à celui qui avait conduit à la destitution de son père.

Werner f. 1870.

Une fois encore, comme dans son enfance, elle est seule au milieu de ses ennemis. Chaque jour apporte son lot d'intrigues et de menaces. Sa souveraineté, jamais fermement établie, devient de plus en plus fragile.

Alors que le pouvoir du conseil de régence se substitue au sien, le risque d'être assassiné devient de plus en plus réel. Craignant pour sa vie, Cléopâtre fuit Alexandrie avec quelques fidèles. Son règne n'a duré que trois ans.

Pendant que les Ptolémée luttent pour le trône d'Égypte, une autre bataille, bien plus sérieuse, qui a pour enjeu le pouvoir, se déroule à Rome. Ses conséquences affecteront tout le bassin méditerranéen et modèleront le destin de la reine d'Égypte.

Les Romains ont désormais compris que la République ne peut pas être dirigée par deux hommes. Une génération auparavant, les ambitieux Sylla et Marius, qui se disputaient la suprématie, ont entraîné la nation dans une guerre civile. Maintenant le drame se répète avec Jules César et le grand Pompée. La plupart des observateurs prédisent la victoire de Pompée.

Né dans une éminente famille patricienne, Pompée n'a que dix-sept ans lorsqu'il est entraîné pour la première fois dans la guerre civile provoquée par la rivalité de Sylla et Marius. Il se bat pour Sylla, le vainqueur, et détruit les derniers partisans de Marius en Afrique, en Sicile et en Espagne. Ses prouesses en Afrique et en Sicile lui valent le surnom de Magnus, le Grand.

Ptolémée XIII

Cléopâtre VII

Pièces à l'effigie de Ptolémée XIII (à gauche) et de sa sœur Cléopâtre VII (à droite).

En 71 av. J.-C., il revient en Italie pour mater la révolte dirigée par Spartacus, un esclave thrace. L'année suivante, il exerce la charge de consul avec Crassus. Après ses trois ans de magistrature, il poursuit sa glorieuse carrière en libérant la Méditerranée des pirates et en conquérant le Pont, l'Arménie et la Syrie. Fier de ses exploits, il est outré lorsque le Sénat rejette sa demande de terres pour ses soldats. Il quitte alors le parti patricien pour constituer le premier triumvirat avec César et Crassus. Afin de sceller cette alliance, Pompée épouse Julie, la fille unique de César.

La mort de Julie en 54 av. J.-C. et celle de Crassus en 53 av. J.-C., au cours de sa désastreuse campagne contre les Parthes, mettent fin à la stabilité de Rome. En proie à une jalousie réciproque, César et Pompée s'acheminent vers l'épreuve de force.

À Rome même, Pompée jouit de la faveur du Sénat et du peuple. Pendant les neuf ans que César a passés en Gaule, Pompée est resté dans la ville où il a cultivé ses intérêts politiques. Mais les succès militaires du jeune général et l'immense fortune amassée au cours de ses conquêtes en font un dangereux rival.

Pompée et la majeure partie des sénateurs, qui redoutent l'ambition de César et sa puissance grandissante, lui ordonnent de dissoudre son armée et de revenir à Rome. César sait que s'il obéit, il signe sa condamnation à mort. Il fait donc le pari de traverser le Rubicon, la rivière qui sépare la Gaule de l'Italie, avec ses légions. Ce geste est une véritable déclaration de guerre. Une nouvelle fois, Rome est tiraillée entre deux partis.

Après quelques défaites initiales sans grande conséquence, César repousse Pompée et ses partisans hors d'Italie. Ils s'enfuient en Grèce où ils poursuivent la lutte. Mais leurs chances s'amenuisent. Pompée, qui recherche désespérément une aide militaire et financière, envoie l'un de ses fils en Égypte. Son émissaire est reçu, non par Cléopâtre qui a quitté Alexandrie, mais par le conseil de régence qui se montre amical et généreux. Il se voit accorder des réserves de céréales, cinq cents soldats de l'armée de Gabinius et soixante navires. En échange, les membres du Sénat

Les aiguilles de Cléopâtre

Cléopâtre n'a aucun lien avec les deux obélisques de granite qui marquaient jadis l'entrée du Césareum, temple dédié à Jules César divinisé. L'appellation populaire de ces monolithes de quelque vingt et un mètres de hauteur vient peut-être de l'idée fausse que c'est Cléopâtre qui a construit ce monument en l'honneur de César ou de Marc Antoine. Le texte de dédicace gravé sur les obélisques indique qu'ils ont été élevés en l'an XVIII du règne d'Octave, bien après la mort de la reine.

Les monolithes ont survécu à la destruction du Césareum en 912. Au cours des siècles suivants, ils sont devenus des points de repère et le sont restés même après qu'un tremblement a renversé l'un d'eux.
Au XIXe siècle, l'Égypte a donné l'un des obélisques à l'Angleterre et l'autre aux États-Unis. Leur transport et leur érection sur le nouveau site sont de véritables épopées.

Le 21 septembre 1871, le premier quitte Alexandrie à destination de l'Angleterre. Il est installé à bord d'une barge en bois tirée par le navire britannique Olga. Au large du Portugal, une terrible tempête oblige l'équipage à détacher la barge qui dérive. Elle est retrouvée par un bateau écossais qui fait payer le sauvetage 2 000 livres au gouvernement anglais. Cette somme s'ajoute aux 15 000 livres déboursées par l'Angleterre pour rapatrier et élever le monument sur les rives de la Tamise.

L'industriel William Vanderbilt finance le transport du second obélisque jusqu'à New York, confié à un officier de la marine américaine, Henry H. Gorringe. Le monolithe prend place à bord d'un navire postal acheté au gouvernement égyptien. Le 16 septembre 1880, il s'engage dans l'Hudson et arrive à Manhattan, au bout de la 96e rue. Un engin à vapeur le hisse au rythme de 30 mètres par jour sur les pistes spécialement aménagées entre le fleuve et Central Park. Il met plus de trois mois et demi pour atteindre sa destination finale.

Cette lithographie exécutée en 1838 par l'artiste écossais David Roberts représente les obélisques à Alexandrie, l'un debout, l'autre couché.

Théodore Géricault a figuré ici le meurtre du grand Pompée par les partisans de Ptolémée XIII. Poignardé par Lucius Septimus, qui avait servi sous ses ordres, le célèbre général romain est mort sous les yeux de sa femme, qui le regardait du haut du navire qui les avait transportés de Grèce en Égypte.

qui ont suivi Pompée publient un décret nommant leur chef de file protecteur de Ptolémée XIII.

Mais ce geste n'a guère de sens dans la mesure où le nouveau défenseur du jeune roi court lui-même un grand danger. César, après avoir envahi l'Espagne et mis en déroute les partisans de Pompée qui s'y trouvent, pourchasse son adversaire jusqu'en Grèce. La rencontre a lieu à Pharsale en août 48 av. J.-C. La victoire écrasante que remporte César le consacre maître de Rome. Il est désormais l'homme le plus puissant du monde.

Pompée, réussissant à sauver sa vie, a pris la direction de l'Égypte avec l'espoir d'y lever une armée pour reprendre le combat. En septembre, il fait voile vers Péluse, à la frontière orientale de l'Égypte, avec un petit contingent.

Après que le navire a jeté l'ancre à quelque distance de la côte, une barque s'approche. Trois hommes ont pris place à son bord : Achillas, un Égyptien hellénisé, général de l'armée de Ptolémée, et deux ex-officiers de Gabinius. L'un d'eux, Lucius Septimius, a servi sous les ordres de Pompée. Avec quatre de ses fidèles, Pompée monte dans la petite embarcation. Mais avant même d'atteindre la plage, il est poignardé dans le dos par Septimius.

Les raisons de cette trahison envers l'ami de l'Égypte et le protecteur de son roi sont froidement pratiques. Pothin, le tout-puissant chef du conseil de régence, a convaincu Ptolémée que le meurtre était le meilleur moyen d'obtenir que les Romains, de quelque parti politique que ce soit, laissent l'Égypte tranquille, soulignant que si César, qui ne manquera de poursuivre Pompée, trouve ce dernier mort à son arrivée, il n'aura aucune raison de prolonger son séjour. Pothin espère recevoir les félicitations de César pour avoir éliminé son ennemi.

Si Pompée débarque à Péluse plutôt qu'à Alexandrie, c'est parce que Ptolémée XIII et son armée s'y trouvent. Établis à l'ombre du mont Casios, ils se préparent à livrer bataille à Cléopâtre. Comme son père avant elle, la reine n'a nullement l'intention d'abdiquer le trône sans livrer bataille.

Selon certains historiens, après avoir fui Alexandrie, la reine a cherché refuge en Haute-Égypte où elle bénéficiait d'un large soutien. D'autres historiens soutiennent qu'elle n'était en sécurité nulle part dans le pays et qu'elle l'a quitté immédiatement. Quoi qu'il en soit, Cléopâtre est finalement parvenue à Ascalon, cité-État philistine située entre l'Égypte et la Palestine. Quelques années plus tôt, son grand-père avait empêché Ascalon de tomber aux mains de la Judée. La cité, encore reconnaissante, accueille Cléopâtre.

La reine est partie d'Alexandrie avec de l'argent et des bijoux qui lui permettent de financer des mercenaires. À Ascalon, elle recrute des soldats parmi les tribus arabes du royaume nabatéen. Dans l'ensemble, ils ne sont guère de taille à se mesurer aux anciens soldats de Gabinius, qui forment le noyau de l'armée de Ptolémée. Mais la reine n'a guère le choix.

En 47 av. J.-C., les forces de Cléopâtre et de Ptolémée se retrouvent à une cinquantaine de kilomètres à l'est de Péluse. Pendant des jours, les deux armées s'observent à partir de leurs positions respectives, de chaque côté de la frontière, sans combattre. Elles semblent attendre que les événements du monde extérieur déferlent sur la côte et décident pour elles. Les deux camps savent que César est en route.

Sous sa tente, Cléopâtre songe longuement à ce que cela signifie. Les quelques partisans qu'elle conserve à Alexandrie l'ont tenue informée de l'évolution de la guerre civile à Rome et de la victoire finale de l'un des protagonistes. César peut disposer de l'Égypte comme il l'entend et ravaler cette riche nation au rang de province romaine. Avec cette mesure, il est sûr de plaire au Sénat. Il dispose des moyens militaires nécessaires pour atteindre ce but. Il peut aussi maintenir le statut actuel de l'Égypte, État vassal de Rome, qui conserve une certaine indépendance. Mais dans ce cas, qui choisira-t-il comme souverain ?

Il n'a aucune raison de se prononcer en faveur de Ptolémée. Après tout, le conseil de régence a soutenu Pompée pendant le conflit. César est toutefois connu pour sa magnanimité envers ses anciens ennemis. Cette générosité doit intriguer Cléopâtre, qui comme les autres Ptolémée, considère la vengeance comme une prérogative royale. La reine, très intéressée par les affaires de Rome, la puissance dont dépend sa survie, sait que le caractère du nouvel homme fort est complexe.

Aux yeux des personnalités romaines, le jeune César n'était qu'un élégant. Brillant et aimable, il n'était toutefois pas suffisamment sérieux pour représenter une future menace. Bien peu de gens ont su déceler son ambition sans limites. Il n'a révélé sa vraie nature qu'au cours de son ascension militaire et politique. Écrivain doué, César a du goût pour les choses de l'esprit. Même si elle n'a pas lu ses œuvres, Cléopâtre a en sans doute entendu parler par les savants de la bibliothèque. Le style est acéré et sans fioritures.

Ci-dessous : buste de Jules César au Ier siècle av. J.-C.
Page suivante : *Le Débarquement de Jules César* présente le général menant ses troupes à la bataille. Le génie de César est de pousser ses hommes à dépasser leurs limites. D'après Plutarque, il maîtrise si bien la volonté et la combativité de ses soldats, que ces derniers, tout à fait ordinaires dans d'autres occasions, font preuve d'un courage prodigieux face au danger dès que la gloire de César est en jeu.

César a démontré ses capacités de guerrier à de nombreuses reprises. Beaucoup estiment qu'il est le plus grand général depuis Alexandre le Grand. Stratège de génie, il prend ses ennemis par surprise et triomphe grâce à la rapidité avec laquelle il déplace ses légions. Comme Alexandre, il est très aimé par ses hommes. Pendant les campagnes, il partage les mêmes difficultés et les mêmes dangers que ses soldats et ne jouit d'aucun privilège. Ses troupes l'auraient suivi sur l'autre rive du Styx s'il avait ordonné d'attaquer les Enfers.

Cela n'empêche pas ses hommes de composer des chansons paillardes dont il est le héros. Mais c'est là un signe d'affection. Après la conquête des Gaules, cet air, par exemple, est devenu populaire :

«À la maison nous ramenons notre souteneur chauve :
«Romains ! Enfermez vos femmes !
«Tous ces sacs d'or que vous lui avez envoyés
«Ont servi à payer ses prostituées gauloises.»

Ces chansonnettes ne choquent pas César, qui en aime la drôlerie, mises à part les allusions à sa calvitie. La *gens* Julia à laquelle il appartient et qui prétend descendre de Vénus, est réputée pour la beauté de ses membres. César se fâche si l'on se moque de ses cheveux, mais apprécie que l'on vante sa réputation de séducteur. Homme d'âge moyen, marié trois fois, César a multiplié les aventures galantes aussi bien avec de simples mortelles qu'avec des reines.

Que peut penser Cléopâtre de cet amour démesuré pour les femmes ? Les chroniques de l'époque n'en disent rien. Assise sous sa tente, brûlée par le soleil du désert, peut-être y songe-t-elle. Cette attirance pour le beau sexe peut-elle jouer en sa faveur ? Comment exploiter cette faiblesse ? Sans doute Cléopâtre possède peu d'expérience en la matière. L'histoire ne lui connaît pas encore d'amant.

Son ignorance est-elle un handicap pour plaire à cet amateur du beau sexe ? Comment devra-t-elle se comporter ? Elle a vingt-et-un ans, il en a plus de cinquante. Elle ignore beaucoup de réponses. Ce qu'elle sait, c'est que son destin repose sur les caprices de César.

Avant toute chose, elle doit réussir à approcher le général romain. Mais César réside probablement dans le palais royal, contrôlé par les partisans de son frère, qui n'hésiteront pas à la tuer.

Comment procéder ? Après de longues heures de réflexion, elle adopte un plan qui présente l'avantage d'être à la fois relativement sûr et mélodramatique. Pour la première fois de sa vie, mais non la dernière, elle s'apprête à faire une entrée spectaculaire.

TRIA

La reine exilée a raison de supposer que César est arrivé à Alexandrie. Il est escorté de dix navires de guerre et d'une troupe de trois mille deux cents hommes et de huit cents cavaliers. Il se dirige vers le palais avec une garde de douze hommes, arborant les insignes officiels de Rome. Les Alexandrins nationalistes, indignés par cette entrée trop martiale à leur goût, se révoltent et tuent plusieurs soldats. Bien qu'affecté par la mort de ses hommes, le général ne se laisse pas démonter. Il est habitué aux soulèvements de la populace. Politicien consommé, il sait comment en venir à bout.

Sur cette fresque de la Renaissance peinte par Andrea del Sarto, César, à droite, reçoit le tribut d'Égypte.
Double page précédente : Ce tableau du XIXe siècle, peint par Adolphe Yvon, artiste favori de Napoléon III, présente Jules César tenant le monde dans sa main. Son cheval piétine ses ennemis. Les personnages vêtus de blanc, à gauche, incarnent la mort. Derrière César, une femme évoluant dans les airs symbolise la conquête.

Il s'adresse personnellement au peuple pour lui rappeler que par le passé il a soutenu l'indépendance de l'Égypte. Il l'assure qu'en tant que représentant de la puissance romaine, il est là pour rétablir la paix et rendre sa stabilité au royaume. Qu'elles soient crues ou non, ses promesses apaisent momentanément les esprits. Le calme revenu, César s'efforce de démêler l'écheveau compliqué de la politique égyptienne.

Profitant du confort du palais, César découvre un luxe qu'il n'a sans doute jamais vu ailleurs, une splendeur digne des Grecs amateurs de plaisir et de volupté. Baigné dans de vastes bassins de porphyre, il goûte un repos bienvenu après les années passés à batailler en Gaule et les rigueurs de la guerre civile. Alexandrie, en dépit de la fougue de ses habitants, ville riche et raffinée où retentissent les lointains échos de l'histoire égyptienne, le fascine et trouble son âme autant que ses sens.

La ville réveille ses ambitions. Sur la tombe d'Alexandre le Grand, il a contemplé avec un respect teinté d'envie le corps doré du roi de Macédoine, son modèle. Il sait qu'il n'égale pas encore le Macédonien. Alexandre a régné sans partage et de manière incontestée, César, lui, est seulement l'homme le plus puissant d'une République. Il dépend encore, du moins nominalement, de la bonne volonté du Sénat romain. Mais, comme le pressentent et le redoutent ses ennemis, il espère supprimer ce dernier obstacle.

Mais cela prend du temps, or le temps est précieux pour le général. À sa mort, à l'âge de trente-trois ans, Alexandre est le maître du monde alors connu des Occidentaux. César, à cinquante-deux ans, ne contrôle pas encore complètement Rome et son empire. Le Romain, marqué par de nombreuses cicatrices, las de la guerre, doit parfois sentir le poids des ans lorsqu'il mesure le chemin restant à parcourir pour s'emparer du pouvoir absolu.

Telles sont sans doute les réflexions qu'Alexandrie, malgré sa splendeur, a inspiré à César pendant les premiers jours de son séjour. La guerre civile s'achève avec sa victoire sur Pompée. Mais la mort infâme de son rival ternit son triomphe. Maintenant, loin du fracas des armes, il doit régler le problème égyptien. Que faire de la dernière génération de souverains macédoniens, les Ptolémée ? Comment remettre ses enfants querelleurs sur la bonne voie ?

Peu après s'être installé dans le palais, César convoque Cléopâtre et Ptolémée.

Le jeune roi, Pothin et les conseillers reviennent précipitamment de leur camp de Péluse. Le général romain les reçoit cordialement, mais son sourire cache un certain dégoût. En effet, un fidèle de Ptolémée lui a présenté peu de temps auparavant la tête embaumée de Pompée. Il a brandi fièrement devant lui l'horrible trophée, persuadé de plaire à César. Pour une fois, le Romain a perdu son sang-froid. Même si le meurtre de Pompée lui évite d'avoir à régler lui-même le sort de son rival, César ne peut approuver le crime commis par des étrangers dans des conditions aussi peu honorables. Il attend Cléopâtre. Ses informateurs lui ont beaucoup parlé de la jeune reine détrônée et ont piqué sa curiosité. Ils l'ont sans aucun doute décrite comme brillante, volontaire, charmante, à l'aise dans les conversations. Ils ont évoqué sa voix musicale, au timbre grave, plus remarquable que son physique.

ANNO DNI M·D·XXI ANDREAS
SARTIVS PINGEBAT

UNE RENCONTRE SECRÈTE

Au XIXe siècle, le peintre Jean-Léon Gérôme a imaginé Cléopâtre se présentant à César. À ses pieds, est agenouillé Apollodoros, qui l'a introduite dans le palais.

Pour la plupart des historiens, Cléopâtre a été conduite jusqu'à César, enveloppée dans un tapis. D'après le biographe grec, à qui l'on doit le récit le plus fiable, elle était cachée dans un couvre-lit :

« Elle a pris un petit bateau et dans l'obscurité de la nuit, elle a débarqué près du palais. Elle ne savait comment entrer sans qu'on la découvrît jusqu'à ce qu'elle eût l'idée de s'envelopper dans un couvre-lit, s'y allongeant tandis qu'Apollodoros le refermait et le portait sur son dos jusqu'aux portes de l'appartement de César. César fut d'abord fasciné par l'audace de Cléopâtre, puis tellement séduit par l'agrément de sa compagnie qu'il entreprit de la réconcilier avec son frère à la condition qu'elle règnerait comme partenaire sur le royaume. »

Conscient du danger qu'elle doit affronter pour arriver jusqu'au palais, César se demande comment elle va s'y prendre et si elle réussira.

Les égides en bronze, ornées comme ici de la tête d'Isis, protègent les prêtresses pendant les rituels.

Les circonstances et la personnalité des héros font de la première entrevue de César et de Cléopâtre l'une des rencontres les plus extraordinaires de l'histoire.

Tard le soir, César est seul dans ses appartements lorsqu'on lui annonce la visite d'un marchand chargé d'un présent. Il reçoit l'homme, de grande taille, qui porte un tapis sur son épaule. Lorsqu'il le déroule, Cléopâtre apparaît.

L'histoire nous laisse imaginer le reste de la soirée, débutant probablement par une évaluation réciproque. César est surpris par l'entrée théâtrale de Cléopâtre qu'il trouve amusante et audacieuse. Elle dévoile son intelligence et sa vivacité. Il est sans nul doute attiré par la jeune femme.

La beauté de la reine n'est pas conventionnelle. Son nez, hérité des Ptolémée, est trop long pour répondre à l'idéal romain. Elle présente aussi d'autres imperfections. À une époque où l'on admire les peaux claires, elle a un teint plutôt foncé, qu'elle doit peut-être à l'une de ses grands-mères, une princesse séleucide au sang perse. Sa chevelure superbe est cuivrée. Son visage possède un charme indéfinissable. Il rayonne d'intelligence et reflète la détermination.

Quant à la reine, elle n'a pu être que séduite par la qualité qu'elle juge la plus admirable et qui ne manque pas chez César : la puissance. En sa présence, elle comprend qu'elle n'émane pas de son rang, mais de sa personne. Elle sait pourquoi les soldats le suivent d'un cœur léger à la bataille et pourquoi ses ennemis le craignent.

Ce couple unique ne manque pas de sujets de conversation. César a dû répéter à Cléopâtre ce qu'il a dit officiellement à Ptolémée et Pothin : il est en Égypte pour honorer la promesse faite par Rome de faire appliquer le testament de Ptolémée XII. Le roi défunt a décidé que la sœur et le frère régneraient conjointement, volonté qui sera respectée. Peut-être a-t-il souligné qu'il valait mieux un trône partagé que pas de trône du tout, un point de vue que Cléopâtre, exilée, s'empresse d'approuver. Pour le moment, c'est la meilleure politique à suivre.

Aussi passionnante qu'ait été la discussion, elle a laissé place dès cette première nuit à de tendres étreintes.

Selon les historiens romains, les motivations de Cléopâtre sont uniquement politiques. Mais la suite de l'histoire tend à démontrer le contraire. Cléopâtre a rencontré un homme qui a beaucoup à lui apprendre et qui peut la protéger. Il a aussi le pouvoir de concrétiser les rêves qu'elle fait pour elle et pour l'Égypte. César est la seule personne avec qui elle sera sur un plan d'égalité. Elle l'aime passionnément comme elle n'aimera plus jamais.

Chapitre IV

LA FIN DU RÊVE

Dès le lendemain, César convoque Ptolémée. Quelle n'est pas la surprise du jeune souverain lorsqu'il constate que sa sœur haïe est de retour au palais et qu'elle est dans les meilleurs termes avec le nouveau maître du monde !

Entrant dans une violente colère, il quitte la pièce en hurlant à la trahison. Dans la rue, il rassemble la foule. Arrachant sa couronne, il la jette à terre et exhorte les gens à prendre son parti contre Cléopâtre et son amant romain.

Le peuple se montre d'autant plus réceptif à cet appel mélodramatique que Pothin a fait courir le bruit dans Alexandrie que César est venu en Égypte avec l'intention de faire de Cléopâtre, acquise aux Romains, la seule souveraine. Quand les soldats de César réussissent enfin à ramener Ptolémée au palais, le mal est fait. Les soldats sont suivis par une populace révoltée que seule la promesse de César de régler la question d'une façon satisfaisante ramène au calme.

Quelques jours plus tard, au cours d'un somptueux banquet, César annonce sa décision : Ptolémée et Cléopâtre, frère et sœur, mari et femme, réconciliés, gouverneront l'Égypte ensemble. Pour faciliter l'acceptation de cette mesure, le général déclare qu'il rend à l'Égypte Chypre, annexée dix ans plus tôt par Rome. Il nomme les plus jeunes enfants de Ptolémée XII, Arsinoé IV, qui a dix-huit ans, et Ptolémée XIV, âgé de onze ans, souverains de l'île.

La nouvelle apaise les esprits. Mais la paix est précaire. La cohabitation dans la résidence royale est très tendue. Pour envoyer Arsinoé et Ptolémée XIV prendre possession de leur

Au XIXe siècle, Georges Clairin a représenté la grande actrice Sarah Bernhardt en costume de Cléopâtre.

trône à Chypre, César attend que la stabilité soit revenue à Alexandrie. Il prétend les protéger mais en réalité il les surveille. C'est ainsi que quatre Ptolémée et leur entourage vivent dans la promiscuité du palais. Cette situation est intenable. Cléopâtre se méfie de son frère-époux et de sa sœur Arsinoé qui la détestent. La présence de César entretient le mécontentement des Alexandrins qui craignent que sa liaison avec Cléopâtre ne précipite la fin de l'indépendance de l'Égypte.

Sur cette pièce de monnaie en or, Cléopâtre est coiffée à la mode grecque. Les mots « Cléopâtre » et « reine » sont inscrits en grec.

Les dissensions éclatent bientôt au grand jour. À la fin d'octobre 48 av. J.-C., deux mois et demi environ après son entrée à Alexandrie, César apprend que Pothin a ordonné secrètement à l'armée de Ptolémée de quitter la frontière orientale où elle stationnait. Une force de vingt mille fantassins et deux mille cavaliers, commandée par Achillas, marche sur Alexandrie. Elle est cinq fois plus nombreuse que la troupe de César. Le général redoute également la population nationaliste d'Alexandrie qui n'hésitera pas à se ranger aux côtés de Ptolémée dès que l'armée atteindra la cité.

César enferme Ptolémée dans le palais afin d'éviter que le jeune roi ne devienne le point de ralliement des ennemis de Cléopâtre. Et demande aux territoires romains du Proche-Orient de lui envoyer des renforts.

Fin novembre Achillas attaque le palais royal. Les forces de César repoussent les assaillants au cours de féroces combats de rues. Mais un plus grand danger menace. Achillas tente de s'emparer des soixante-douze navires royaux mouillés dans le port d'Alexandrie. S'il réussit, il empêchera César d'être ravitaillé et secouru du côté de la mer.

Les soldats romains résistent, mais leur chef réalise qu'ils ne pourront pas retarder indéfiniment la prise des bateaux par une force beaucoup plus importante numériquement. Il y fait donc mettre le feu. L'incendie gagne les docks, détruisant un vaste entrepôt contenant des rouleaux qui proviennent de la bibliothèque ou qui lui sont destinés. César s'assure ainsi le contrôle du port. Au même moment il lance une offensive qui lui permet de prendre possession du phare.

D'une fenêtre du palais, Cléopâtre doit suivre les événements avec grande anxiété. Amant la nuit, César est son champion le jour. Son sort dépend entièrement de lui. Et ce sort est bien incertain. Les partisans de Cléopâtre subissent un sérieux revers lorsqu'une nuit Arsinoé s'enfuit du palais pour se rallier à Achillas. Les Alexandrins et l'armée, qui admirent son geste de défi, l'acclament comme la vraie souveraine.

Mais Achillas regrette vite la fuite d'Arsinoé, car la jeune femme est accompagnée de Ganymède, son principal conseiller, qui conteste son pouvoir. L'armée se scinde en factions rivales.

De retour au palais, Pothin est informé de la lutte qui oppose Achillas et Ganymède. Il envoie des messagers au général alexandrin pour lui promettre son aide et certainement aussi pour lui jurer qu'il se glissera dès que possible hors du palais avec Ptolémée. La présence du jeune roi dans l'armée rendra sa pleine autorité à Achillas. Mais César intercepte ses émissaires et découvre ses projets. Il ordonne l'assassinat de l'eunuque. L'exécution présente le double avantage de châtier l'un des meurtriers de Pompée et d'éliminer l'un des plus dangereux parmi les dirigeants hostiles aux romains.

Le général le plus compétent du parti anti-romain subit le même sort, assassiné par Ganymède. Le répit que ces événements donnent aux légionnaires de César est de brève durée, car Ganymède se révèle être un habile chef de guerre. Il rassemble une nouvelle flotte, organise le siège de la résidence royale et fait déverser de l'eau de mer dans les puits qui alimentent le palais. Les soldats de César, remarquables bâtisseurs, répliquent au sabotage en creusant de nouveaux puits pendant la nuit. La lutte se poursuit au fil des jours, sans avancée décisive.

César lance alors un de ses défis stratégiques qui ont si souvent marqué sa carrière. Libérant Ptolémée, il l'envoie vers l'armée de Ganymède. Publiquement, il explique que le jeune roi peut contribuer à ramener l'ordre. En fait, il espère qu'avec un royaume en jeu, Ptolémée et Arsinoé se comporteront comme de vrais Ptolémée, c'est-à-dire qu'ils s'entre-tueront.

Le Nil

Le Nil, qui coule sur 6 671 km entre le nord du lac Taganyika où il prend sa source et la Méditerranée, est le plus long fleuve du monde. Après avoir traversé les grands lacs de l'Afrique orientale, il reçoit à Khartoum le Nil Bleu, qui prend sa source en Éthiopie. Gonflé par les pluies tropicales, tous les ans, jusqu'à la mise en service du barrage d'Assouan en 1964, le fleuve a inondé l'Égypte et fertilisé ses terres de son limon. Le Nil divise le pays en deux grandes régions : la vallée du Nil ou Haute-Égypte, au sud, et le Delta ou Basse-Égypte, au nord. La première a pour emblèmes la couronne blanche et le lotus, la seconde la couronne rouge et le papyrus. Jadis, les rives du Nil étaient bordées de denses fourrés de papyrus où évoluait une faune très variée. Certaines espèces tels l'hippopotame, le crocodile et l'ibis ont aujourd'hui déserté le pays.

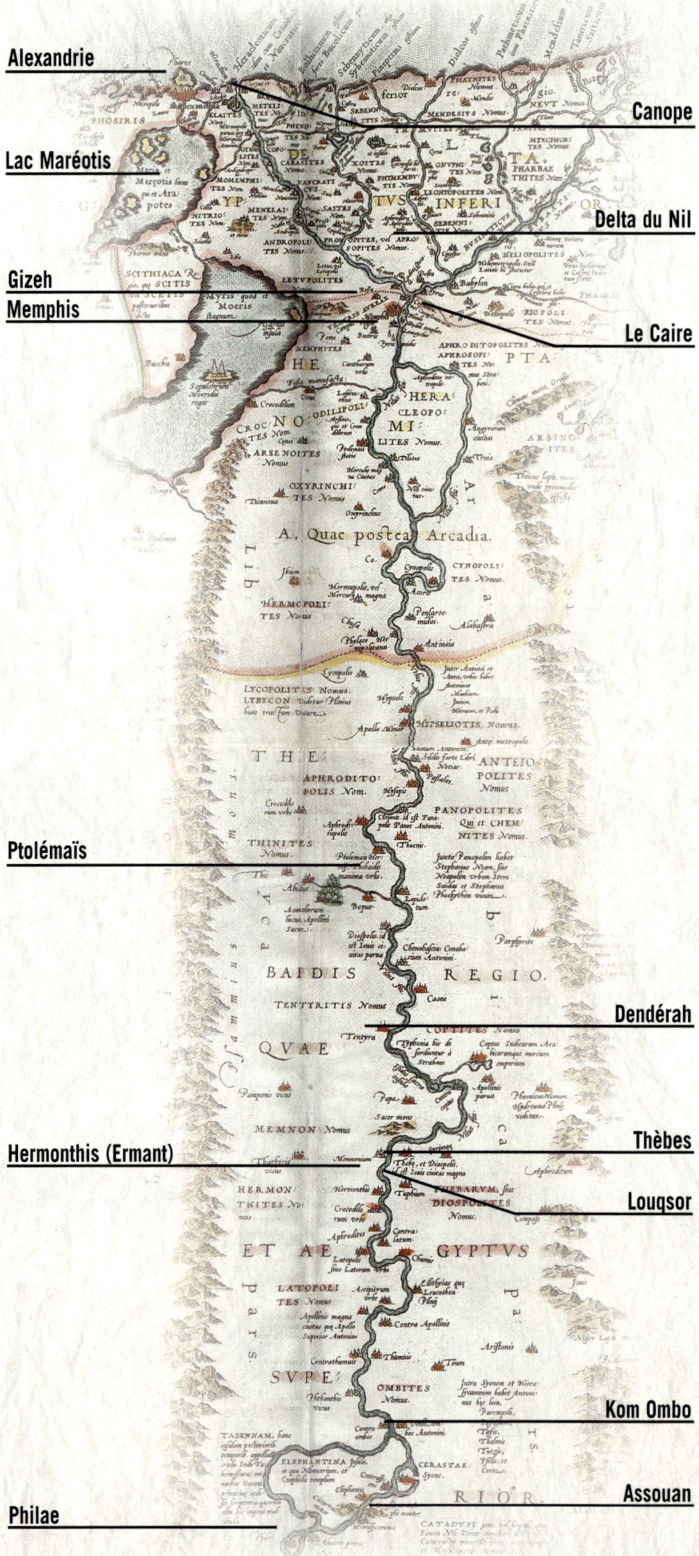

Les artistes, doués d'un sens aigu de l'observation, ont laissé de nombreux reliefs et peintures évoquant la vie dans les marais et dans les déserts encadrant la vallée du Nil.

La Haute et la Basse-Égypte sont bordées à l'est et à l'ouest par les déserts arabique et libyque qui abondent en ressources minérales. Les anciens Égyptiens y ont exploité des carrières de calcaire, d'albâtre, de quartzite, de granite et des mines d'or et de cuivre. Avec les pierres, ils ont sculpté des statues. Ils ont aussi érigé des pyramides, ou tombeaux royaux, et des temples pour les dieux. Certains de ces monuments, comme les temples de Dendérah, de Karnak, de Louqsor, d'Edfou ou encore celui de Philae, retranché sur une île, ont défié le temps et témoignent de la splendeur passée de l'Égypte des pharaons et des Ptolémée.

Double page suivante : César et Cléopâtre jouissent de leur croisière sur le Nil. Si cette gravure d'Henri-Pierre Picou traduit la splendeur du navire, il n'en rend pas l'échelle. Le bateau comprenait une luxueuse chambre à coucher, une salle à manger et peut-être même un sanctuaire.

Mais cet espoir est vite déçu. Arsinoé cède à son frère le commandement de l'armée. Ganymède disparaît. C'est alors que les renforts demandés par César se mettent en route. En mars 47 av. J.-C., une flotte transportant des troupes syriennes, asiatiques et arabes, dirigées par Mithridate de Pergame, débarque sur la frontière orientale.

La force de secours, complétée à Ascalon par un contingent de guerriers juifs, enlève la forteresse de Péluse. Puis, au lieu de marcher vers l'ouest, en direction d'Alexandrie, et de traverser la partie la plus sauvage du Delta du Nil, l'armée descend vers le sud, puis remonte vers la capitale, au nord. La justification de cette manœuvre va bientôt apparaître.

Près du lac Maréotis, Mithridate rencontre une troupe beaucoup plus nombreuse, conduite par Ptolémée. La force de secours semble condamnée d'avance, mais les apparences sont trompeuses. César, ne laissant à Alexandrie qu'une petite garnison pour protéger Cléopâtre, se dépêche de rejoindre Mithridate.

Le 27 mars 47 av. J.-C., l'armée de Ptolémée, prise en tenailles, est mise en déroute. Alors que les soldats égyptiens s'enfuient vers leur camp, César lance l'assaut et massacre ses ennemis. Ptolémée ne figure pas parmi les victimes.

Plus tard ce jour-là, on informe César que le roi a gagné le Nil et a tenté de fuir sur un bateau. Le navire, surchargé de fuyards, a coulé et Ptolémée s'est noyé. Entre-temps, on a capturé sa sœur Arsinoé, reine éphémère. Elle sera expédiée à Rome pour y être exhibée comme trophée.

Cette nuit-là, César revient triomphalement à Alexandrie. C'est la première fois que la ville tombe aux mains d'une puissance ennemie. Peut-être s'attend-il à être accueilli par une population oscillant entre la colère et le désespoir. Très pragmatiques, les Alexandrins se rangent aussitôt du côté du vainqueur. Ils envahissent les rues avec les statues de leurs dieux pour saluer le conquérant romain.

La victoire de César n'est pas encore complète. La légende veut que la mort par noyade dans le Nil assure une résurrection immédiate et l'immortalité. Cette croyance, largement répandue, pourrait inviter des imposteurs à prétendre qu'ils sont Ptolémée réincarné et à disputer le pouvoir à Cléopâtre. Pour l'éviter, César fait draguer le Nil et sortir de l'eau le cadavre du roi. On exhibe son armure en or. C'est ainsi que prend fin la courte, mais sanglante guerre d'Alexandrie.

La joie de Cléopâtre est sans borne. Pour maintenir la paix intérieure, César décrète qu'elle partagera le trône avec son demi-frère Ptolémée XIV. Mais, cette disposition est purement nominale. Cléopâtre règne seule. La reine a un autre sujet de satisfaction. Elle est enceinte.

Malgré sa confortable situation de prince consort, César a toutes les raisons de quitter l'Égypte dès la fin de la guerre d'Alexandrie. Sa mission est terminée. Il est venu dans le but de rattraper Pompée, d'encaisser la dette de Ptolémée XII et de mettre un terme à la guerre civile égyptienne. Pompée est mort. Grâce à sa liaison avec Cléopâtre, il sait qu'en cas de besoin, l'Égypte peut lui fournir toute l'assistance financière nécessaire. Après la guerre civile, Cléopâtre est solidement établie sur son trône. César a d'autres affaires à régler. La situation politique de Rome est toujours instable. Les fils et partisans de Pompée ont levé une nouvelle armée en Afrique du Nord qu'il devra affronter un jour ou l'autre. En outre, la province du Pont menace de se soulever contre Rome. Et pourtant César ne part pas. Il semble incapable de se détacher de la jeune reine qui l'a envoûté.

Cléopâtre profite autant que possible de sa présence. Escorté de quatre cents bateaux égyptiens, dont beaucoup chargés de soldats, César et Cléopâtre remontent le Nil. La croisière permet à la fois de célébrer la victoire, de découvrir le pays, de remplir une mission politique et de savourer une lune de miel.

Le couple voyage à bord de la barge de Cléopâtre, luxueux palais flottant en cèdre et cyprès, probablement long de quelque quatre-vingt-dix mètres. Le navire est pourvu de jardins et de portiques, d'une salle à manger et de chapelles pour les dieux. Gizeh forme la première escale. César est sans doute aussi fasciné par les pyramides et le Sphinx que n'importe quel touriste. Les Romains, dont la civilisation est alors récente par rapport à celle des Égyptiens, sont impressionnés par les antiquités et par ces immenses tombeaux vieux de deux millénaires et demi. Un jour de navigation sépare Gizeh de Memphis. César a peut-être vu sa première momie à Sakkara, la nécropole de l'ancienne capitale.

Au fil de la navigation, les rives du Nil déroulent leurs champs de blé et d'orge, fondement de la richesse nationale. C'est là, à la campagne, et non à Alexandrie, que se trouve la véritable Égypte. Une semaine plus tard, César et Cléopâtre atteignent Thèbes où s'élèvent les temples grandioses de Karnak et Louqsor. Au sud s'étend Hermonthis où quatre ans plus tôt, la reine a présidé à la cérémonie d'intronisation du taureau sacré Boukhis. Peut-être est-ce au cours de ce voyage qu'elle décide de construire un *mammisi* (maison de naissance) consacré à la déesse Rattaouy et à son fils Harparê.

La croisière s'achève à Assouan. Sur une île située à la frontière méridionale de l'Égypte, se dresse le beau temple de Philae dédié à Isis et construit sous les Ptolémée. À Philae, comme dans le reste du pays, la reine a vraisemblablement été saluée comme une incarnation de la déesse. César, son compagnon, est peut-être considéré comme la personnification d'Amon.

Il est évident que ce périple consolide le pouvoir de Cléopâtre. Il est bon que les Égyptiens qui représentent l'immense majorité de la population voient à nouveau leur reine et reconnaissent en César et en ses soldats la puissance qui soutient son trône. Pour Cléopâtre, le voyage revêt une importance capitale pour une autre raison. Les Égyptiens n'ont pas de cérémonie de mariage. La cohabitation suffit à consacrer légalement l'union d'un couple. En parcourant toute l'Égypte en compagnie de César, elle s'affirme non comme sa maîtresse, mais comme son épouse. Son union nominale avec son demi-frère ne compte pas.

Cléopâtre sait parfaitement que César a une femme à Rome et qu'en outre la loi romaine n'autorise pas le mariage entre un Romain et une étrangère. Mais il est essentiel que, dans son pays, on considère son union avec César comme légitime, non seulement en raison de son amour pour César, mais aussi pour son enfant. Sa maternité prochaine lui inspire de nouveaux rêves. Si elle engendre un fils, il pourra prétendre régner sur l'Égypte et sur Rome. Auparavant, il faudra modifier la loi romaine. Et peut-être qu'un jour son enfant dominera un Empire sans équivalent dans l'histoire.

En conviant César à visiter l'Égypte, Cléopâtre exhibe une dot d'un fabuleux montant. Elle use certainement de tout son charme pour lui faire partager ses vues : la richesse de l'Égypte et la puissance de Rome, l'est et l'ouest réunis, un monde gouverné par eux et ensuite par leur fils. Tandis qu'elle lui découvre son peuple, elle lui montre ce que détenir le pouvoir absolu et être un dieu sur terre signifient.

Bien qu'il soit sans doute tenté, César, qui est plus âgé, est conscient des obstacles insurmontables qui se dressent contre ce projet. Il connaît l'irritabilité des Romains, leur défiance à l'égard des ambitieux, leur haine républicaine des rois. Il sait qu'ils ne sont pas

À l'époque ptolémaïque, la momification reste en usage dans toute l'Égypte, y compris à Alexandrie. Les riches commandent jusqu'à trois cercueils gigognes pour leur momie. Ci-dessous figure le cercueil intérieur d'un certain Djedhor, fils de Psammétique. À droite : Le grand Sphinx cache en partie la pyramide de Khéops. Taillé dans la roche vers 2550 av. J.-C., c'est la plus grande statue d'Égypte.

Le temple de Dendérah

Sous la XXXe dynastie, dernière famille de rois indigènes, Nectanébo Ier érige un *mammisi* (maison de naissance) dans l'enceinte du temple de la déesse Hathor. Les Ptolémée entreprennent de reconstruire le temple proprement dit dont la fondation remonte à l'Ancien Empire (2705-2213 av. J.-C.). C'est le monument que l'on admire aujourd'hui. Cléopâtre a décoré la façade sud du temple. Elle rend le culte à Hathor en compagnie de son fils et héritier du trône d'Égypte, Césarion. Les travaux se poursuivent à l'époque romaine. Sous l'empereur Auguste, on ajoute la salle hypostyle. Sous Néron, on commence le second *mammisi*, achevé sous Trajan. Dans cet édifice, on célèbre la naissance du fils de la divinité, assimilé au roi. Un sanatorium, le lac sacré et le temple d'Isis complètent le complexe. Au Ve siècle, dans le temple abandonné, on élève une église copte.

(A) La salle hypostyle est une vaste salle dont la façade est formée de colonnes reliées par des bahuts. Les chapiteaux sont ornés de la tête de la déesse.

(B) La salle de l'apparition, construite par les Ptolémée, ouvre sur six petites pièces : **(1)** le trésor qui abrite les objets en métal précieux ; **(2)** le laboratoire des parfums ; **(3)** la salle du Nil par laquelle entre l'eau ; **(4)** la salle pour les offrandes des domaines ; **(5)** un magasin ; **(6)** la salle réservée aux produits du sud.

(C) La salle des offrandes est le lieu où les prêtres déposent nourriture, boisson et fleurs. Elle n'est éclairée que par quatre ouvertures percées dans le plafond.

(D) La salle de l'Ennéade, qui sert de vestibule au sanctuaire, abrite les dieux qui protègent la déesse. Sur le mur sud est gravé l'Hymne du réveil.

(E) Le sanctuaire renferme la statue d'Hathor et sa barque portative. Il est décoré de scènes représentant le réveil, la toilette et le repas d'Hathor.

(F) Sous le toit du temple, le plafond astronomique de la salle hypostyle est orné de reliefs de vautours et de disques ailés. Des représentations symboliques des régions nord et sud du ciel figurent les heures du jour et de la nuit et les cycles de la Lune et du Soleil. Les travées de droite figurent les étoiles du nord, celle de gauche les étoiles du sud. Nout, déesse du ciel, avale le soleil le soir et l'engendre le matin.

Ci-dessous : Césarion suivi de Cléopâtre fait offrande à Hathor et à son fils Ihy sur la façade sud du temple d'Hathor à Dendérah. La reine, à gauche, porte la coiffure d'Hathor surmontée des plumes. Césarion arbore la couronne de Haute et Basse-Égypte, posée sur les cornes de bélier.

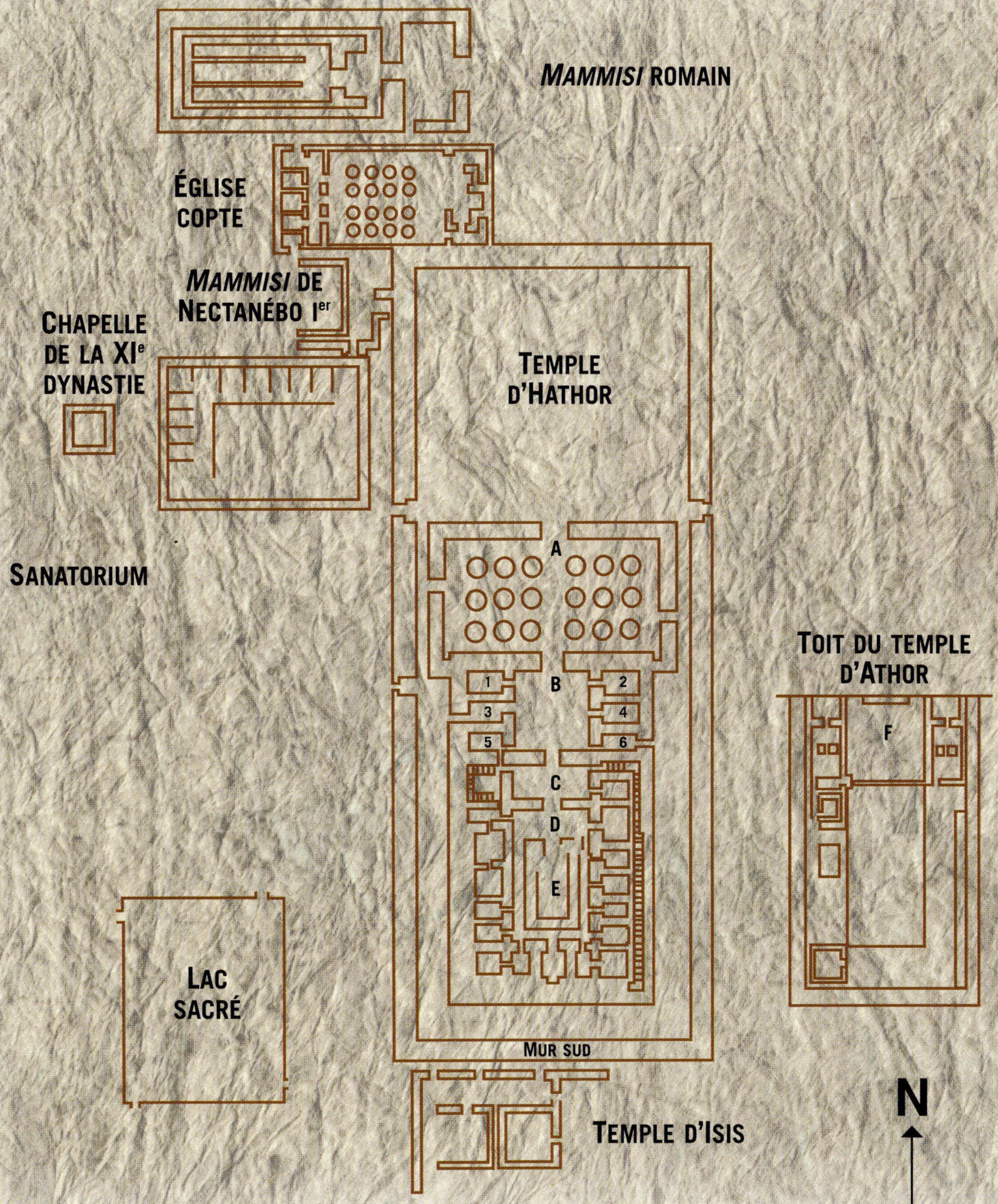
MAMMISI ROMAIN
ÉGLISE COPTE
MAMMISI DE NECTANÉBO Ier
CHAPELLE DE LA XIe DYNASTIE
TEMPLE D'HATHOR
SANATORIUM
A
B
1
2
3
4
5
6
C
D
E
TOIT DU TEMPLE D'ATHOR
F
LAC SACRÉ
MUR SUD
TEMPLE D'ISIS
N

Même ruiné, le temple de Karnak a conservé sa majesté. Dédié à Amon, Karnak est le plus grand édifice religieux jamais dédié à une divinité dans le monde. La salle hypostyle était si vaste qu'elle aurait pu contenir la basilique Saint-Pierre de Rome et les cathédrales de Milan et de Paris. Le temple, commencé il y a quatre mille ans est resté en chantier pendant deux mille ans.
Ci-dessus : les 9e et 10e pylônes vus du lac sacré.

prêts à accepter un quelconque monarque et encore moins une reine, étrangère de surcroît. Ils n'en voudront pas davantage comme épouse d'un éventuel souverain.

Son ambition a probablement rendu Cléopâtre encore plus attachante. Amoureux de la jeune femme en qui il admire la descendante d'une prestigieuse lignée, César voit aussi en elle une version plus jeune de lui-même. Son appétit et son énergie n'ont pas encore été altérés par les compromissions et le cynisme. Mais il ne peut envisager un destin commun. De même il ne peut lui rendre toute la force de son amour. Il est trop âgé pour cela. Elle l'aime avec la passion qu'inspire un premier amour. Il l'aime avec l'intensité d'un homme qui vit son dernier amour.

En juin 47 av. J.-C., après la fin de la croisière sur le Nil, César quitte Cléopâtre. Quelques jours plus tard, elle donne naissance à un fils qu'elle baptise Ptolémée César pour bien marquer sa paternité. Le peuple d'Alexandrie le surnomme Césarion, le « fils de César » ou le « petit César ». Elle adore cet enfant non seulement parce qu'il est son fils mais aussi parce qu'il est celui de César et le porteur de ses ambitions impériales. Elle célèbre l'événement en émettant une pièce de monnaie qui la représente en Isis allaitant son fils Horus.

Césarion n'a guère plus d'un mois lorsque son père écrase l'insurrection du royaume du Pont avec une rapidité qui lui fait déclarer, en adaptant un célèbre épigramme grec : *Veni, vidi, vici*, « je suis venu, j'ai vu, j'ai vaincu ». Après un bref séjour en Italie, il repart en Afrique du Nord pour affronter l'armée réunie par les partisans de Pompée qu'il écrase le 6 avril 46 av. J.-C. Deux mois et demi plus tard, il est de retour à Rome, prêt à recueillir le fruit de ses conquêtes.

Le colosse de Ramsès II, usurpé par Pinedjem et dressé dans la cour du temple de Karnak illustre le fait que les proportions des personnages sont liées à leur importance. Ainsi, le roi est beaucoup plus grand que la reine, représentée devant lui.

Les triomphes, que décrète le Sénat en l'honneur de ses généraux victorieux, sont des événements. Ils comprennent des défilés où l'on exhibe le butin et les prisonniers des pays conquis. Les captifs sont ensuite tués pendant que les citoyens romains participent à de somptueuses fêtes et des cérémonies publiques et qu'ils assistent aux jeux financés par le héros. Les triomphes de César sont spectaculaires. Il sait comment gagner la faveur du peuple.

Entre le 20 septembre et le 1er octobre, se succèdent quatre triomphes commémorant ses victoires en Gaule, en Égypte, au Pont et en Afrique du Nord. Le triomphe égyptien est le deuxième. Dans le cortège figurent une reproduction du phare d'Alexandrie, d'immenses peintures évoquant la mort de Pothin et d'Achillas et des monceaux de trésors, dons de Cléopâtre. Il y a aussi des animaux dont une girafe, animal que les Romains voient pour la première fois.

L'enthousiasme du peuple, soulevé par la vue de ces merveilles retombe, quand arrive le point fort de la procession : la jeune princesse Arsinoé IV, enchaînée, qui précède les prisonniers égyptiens. Elle marche la tête haute et supporte ses liens comme s'il s'agissait de bijoux. Elle n'affiche que du mépris envers ses ravisseurs. La foule se tait, puis murmure, touchée par sa jeunesse, sa beauté et sa fierté. César, qui saisit l'état d'esprit du peuple, décide de lui laisser la vie sauve et de l'envoyer au sanctuaire d'Artémis à Éphèse.

Cléopâtre arrive à Rome peu après les triomphes. Elle est accompagnée de son frère, de son fils et d'une escorte dont l'importance rappelle qu'elle règne sur l'une des plus riches nations du monde. Le but officiel de sa visite est de renouveler l'alliance que son père a conclue avec Rome. Mais elle vient surtout retrouver César. Peut-être espère-t-elle qu'il reconnaîtra Césarion, d'une manière ou d'une autre. Même si l'enfant n'a à Rome aucune existence légale en tant qu'héritier, elle pense sans doute qu'une confirmation de sa parenté influencera favorablement le peuple et pourquoi pas le Sénat. Elle doit croire que César peut régler ce genre d'affaires à sa convenance. En le nommant dictateur et consul pour dix ans, le Sénat l'a reconnu comme maître de Rome.

César reçoit la reine avec déférence. Même s'ils n'avaient pas été amants, il aurait été obligé de l'accueillir avec tous les honneurs dus à un chef d'État étranger et lui rendre l'hospitalité qu'elle lui avait accordée pendant son séjour en Égypte. Il l'installe dans la vaste propriété qu'il possède sur la rive droite du Tibre, près de Rome. Elle y séjournera deux ans.

L'histoire ne nous renseigne guère sur cette époque de la vie de Cléopâtre. Il est possible que les Romains qui ont fréquenté la reine dans l'espoir de plaire à César aient ensuite préféré garder le silence à ce sujet.

Mais il est certain qu'elle a fait sensation à Rome où l'on n'avait jamais accueilli un visiteur ayant autant de panache. Recevant somptueusement, elle s'entoure d'artistes et d'intellectuels. Elle parle le latin avec les Romains qui ne possèdent pas le grec et sa langue maternelle avec les plus cultivés d'entre eux. Comme le faisait son père, elle distribue de généreuses gratifications aux Romains influents qui peuvent lui être utiles.

Deux colosses de Ramsès II encadrent l'entrée du temple de Louqsor. Devant le pylône, il ne reste qu'un des deux obélisques hauts de 27 mètres. Le second s'élève depuis 1833 place de la Concorde, à Paris. Sur le pylône figurent les batailles de Ramsès.

César s'occupe des affaires de l'État et développe des projets ambitieux pour embellir Rome. Il consacre sans doute une partie de son temps libre à la reine. Parfois, il l'invite officiellement afin de la présenter aux membres de l'aristocratie. Peut-être retrouve-t-elle Marc Antoine, l'officier de cavalerie qu'elle a rencontré alors qu'il approchait de la trentaine et qu'elle avait quatorze ans. Il est possible qu'elle ait fait la connaissance de Caius Octavius, ou Octave, le petit neveu de César, âgé de dix-sept ans, qui s'apprête à partir pour Apollonia sur l'Adriatique pour parachever son éducation. Mince, blond, pâle, il possède des traits délicats et surtout une intelligence hors du commun.

On ignore si Cléopâtre a rencontré Calpurnia, l'épouse de César, et ce que les deux femmes pensaient l'une de l'autre. Calpurnia sait que Cléopâtre est la maîtresse de son mari. Tout Rome le sait. Si elle considère la présence plus que voyante de Cléopâtre dans la ville comme une insulte, elle supporte l'humiliation avec courage, en bonne matrone romaine. César n'en attend pas moins.

Calpurnia doit cependant avoir du mal à accepter l'une des décisions de son époux. Peu après ses triomphes et l'arrivée de Cléopâtre à Rome, César inaugure le forum Julium, vaste annexe du forum romain construite à grands frais. Au centre de la place se dresse le temple de Vénus, déesse de l'amour et patronne de la *gens Julia.* À l'intérieur s'élèvent une statue de la déesse et une effigie dorée de Cléopâtre.

Kom Ombo, le temple qui est le plus proche du Nil, était voué à Sobek, le dieu crocodile, et au faucon Haroéris.
Les crocodiles sacrés, élevés dans des bassins, étaient soigneusement momifiés à leur mort. Kom Ombo, au nord d'Assouan, a été érigé par les Ptolémée. Ptolémée XII, le père de Cléopâtre, y a laissé sa marque. Les chapiteaux des colonnes, en forme de lotus et de papyrus ouverts, symbolisent la renaissance. Au-dessus des passages sont sculptés deux disques solaires entourés de cobras, emblèmes de la royauté.

L'île de Philae, proche d'Assouan, a inspiré en 1871 cette lithographie de Karl Werner. À droite, l'édifice à colonnes et le kiosque de Trajan, construit plus d'un siècle après la mort de Cléopâtre en l'honneur de l'empereur romain. À gauche, le pylône marque l'entrée du temple d'Isis. Les monuments de Philae comptent parmi les plus beaux d'Égypte. Sur l'île s'élevait aussi une grande statue de Ptolémée XII, le père de Cléopâtre.

La sculpture de la reine égyptienne est très éloquente. Elle ne légitime pas la liaison de César et Cléopâtre, mais elle proclame au monde romain l'importance de la souveraine. Elle rappelle le statut de déesse dont elle jouit dans son pays et souligne par voie de conséquence la divinité de son fils.

Mais conférer un pareil honneur n'est pas sans danger. L'admiration que Cléopâtre suscite parmi les Romains commence à faiblir. Les républicains fervents sont particulièrement hostiles à la reine, qu'ils considèrent comme un véritable affront à leur mode de vie. Cette étrangère, orientale et exotique fait partie de ces Grecs qui se vautrent dans le luxe et dont le charme soyeux est capable de corrompre le plus sérieux des Romains. Son pouvoir et son indépendance sont indécents pour une femme. En fait l'existence même des reines leur paraît choquante. À Rome, le gouvernement a toujours été une affaire d'hommes. Pire encore, la souveraine est une autocrate. La république romaine n'a pas besoin de monarques, elle a rejeté la royauté des siècles plus tôt. Quelle influence pernicieuse peut exercer une femme comme Cléopâtre sur César qui contrôle désormais le sort de l'ensemble du monde romain ?

La méfiance des Républicains n'est pas injustifiée. En tant que descendante d'une dynastie qui a exercé le pouvoir absolu pendant trois siècles, Cléopâtre comprend difficilement pourquoi César doit se soucier d'un Sénat qui dresse des obstacles sur sa route et qui le critique parfois ouvertement. En Égypte, on fait taire les opposants par la force.

Peut-être expose-t-elle son point de vue à César. De fait, le Sénat et les aristocrates impatientent de plus en plus le général. Le bruit circule qu'il envisage de dissoudre le Sénat et de se proclamer roi. Cette rumeur inquiète beaucoup. Mais la popularité de César auprès des Romains est sans limites. Il est le général le plus glorieux de Rome. Il a beaucoup étendu l'empire et enrichi sa capitale. La plupart des opposants se taisent. En février 44 av. J.-C., le Sénat le nomme dictateur à vie. Le pouvoir absolu est à portée de main, ce que n'ignorent pas ses adversaires.

La fête annuelle des Lupercales, célébrée le 15 février, peu après la prorogation de la dictature de César, permet de sonder l'état d'esprit du peuple à la suite de cet événement. Au cours de cette ancienne fête religieuse, les luperques parcourent les rues torses nus, armés de petits fouets à lanières appelés *februa* (qui ont donné leur nom au mois de février) et frappent les gens qui croisent leur chemin. Les femmes qui veulent avoir des enfants font en sorte d'être touchées, car les fouets sont censés apporter la fécondité.

En février 44 av. J.-C., Marc Antoine qui participe à la course, s'approche de la tribune où est assis César et pose sur sa tête un diadème. Peut-être César a-t-il organisé lui-même cette mise en scène. Si c'est le cas, le résultat n'a pas dû le satisfaire. Lorsqu'il repousse le diadème d'un geste théâtral, la foule l'approuve largement. Deux fois encore Antoine présente la couronne, deux fois encore César la rejette sous les applaudissements du peuple. Le message est clair : les Romains admirent leur chef, mais pas au point de l'accepter comme roi.

Cela n'empêche pas César de concevoir des projets qui accroîtront sa gloire. Il décide de conquérir l'Empire parthe et de venger la défaite essuyée par Crassus, neuf ans plus tôt. Ce doit être la plus vaste campagne militaire de sa carrière. Cléopâtre, qui finance en partie l'expédition, est sans doute associée à sa préparation. Elle a l'intention de quitter Rome en même temps que lui et de rester près de lui aussi longtemps que possible afin de maintenir son influence personnelle et politique. Elle entend aussi veiller à ce que l'Égypte, alliée de Rome, ait sa part du butin.

César est impatient de partir. Il est de moins en moins tolérant envers les

Des combats à mort

Les combats de gladiateurs de Rome dérivent des rites funéraires étrusques dans lesquels, au cours d'un simulacre de lutte, des hommes feignaient de mourir en honneur du défunt. En 264 av. J.-C., pour la première fois à Rome, des esclaves sont contraints de se battre jusqu'à la mort lors des funérailles de plusieurs aristocrates. Les jeux, qui deviennent de plus en plus importants et sophistiqués au fil du temps, comprennent les exécutions de condamnés et d'opposants politiques sans arme. Ils incluent aussi des chasses. Au cours des cent jours de l'inauguration du Colisée à Rome, en 80 ap. J.-C., quelque cinq mille bêtes sauvages meurent dans l'arène.

Cléopâtre a peut-être assisté à des combats de gladiateurs pendant son séjour à Rome. Elle a sans doute été horrifiée. Pour les Grecs, en effet, inventeurs des Jeux Olympiques, le sport est une façon de célébrer le corps et d'honorer les dieux, mais non pas de tuer ses semblables.

Ci-dessus : Dalle peinte d'une tombe de Paestum (IVe siècle av. J.-C.) montrant un combat de gladiateurs.

À gauche : Figurine en bronze d'un gladiateur (100 av. J.-C.-100 ap. J.-C.).

RÊVES ET PRÉSAGES

Si César avait cru aux prédictions et aux augures, il aurait vécu plus longtemps. Selon la légende, beaucoup de signes annonciateurs ont précédé sa mort. D'après Plutarque, elle a été annoncée par des lumières dans le ciel, des bruits dans la nuit et des oiseaux sauvages perchés sur le Forum. Un devin a également prévenu César de se méfier des Ides de mars.

Le matin de sa mort, Calpurnia l'avertit qu'elle a fait un rêve terrible. En pleurs, elle le supplie de ne pas aller au Sénat. César est troublé car il sait que Calpurnia n'est pas superstitieuse. Décidé à tenir compte de son avertissement, il change d'avis lorsqu'un des conjurés l'informe que le Sénat a prévu ce jour-là de le proclamer roi de toutes les provinces romaines hors d'Italie.

Ci-dessus : Au XVIIIe siècle, Fabio Canal a peint Calpurnia suppliant son époux de rester à la maison.

Républicains qui deviennent de plus en plus critiques. Comparée aux méandres de la politique, la guerre apparaît relativement simple et lui apporte un soulagement. Il fixe la date du départ au 17 mars 44 av. J.-C.

Mais il ne conduira jamais plus d'armée.

Quelque soixante Républicains préparent son assassinat. Parmi les chefs des conjurés figurent Lucius Cassius, un homme ambitieux qui jalouse le pouvoir de César et Marcus Brutus, aux motivations plus complexes.

Né d'une noble et ancienne famille, Brutus est un pur moraliste, dans la lignée de la Rome classique. Il est un modèle de droiture et un Républicain convaincu. Il a soutenu Pompée contre César pendant la guerre civile, mais César l'a pardonné. Le général aime beaucoup Brutus, probablement parce qu'il pense, comme une bonne partie de Rome, qu'il est son père naturel. Brutus le croit sans doute aussi. Loin d'apprécier ce lien du sang avec le grand homme, il le juge intolérable. Cela signifie que sa mère a trompé son père et que Brutus, si fier de sa famille, est un bâtard.

Le 15 mars, Brutus, Cassius et d'autres conjurés encerclent César qui arrive au Sénat et le poignardent. Cassius, qui frappe le visage et Brutus l'aine, sont imités par leurs complices. César s'effondre au pied d'une statue de Pompée et se vide de son sang.

Le maître de Rome est mort. Avec lui disparaît le rêve de dominer le monde que nourrit Cléopâtre. La reine vient de perdre un amant, un ami, un guide, un confident, un protecteur, un allié et le père de son enfant. On peut imaginer son chagrin. Pour la reine, les dieux ont déserté la terre.

Mais elle n'a pas le temps de s'apitoyer sur elle-même. La mort de César jette le monde romain dans la tourmente. Elle doit penser avant tout à son fils et à son pays, tous deux en danger.

Le testament rédigé par César un an avant sa mort est lu au peuple deux jours après le meurtre. Il désigne comme héritier son fils adoptif qui est son petit-neveu Octave. Il ne mentionne ni Cléopâtre, ni Césarion. Si la reine est déçue, elle n'est pas surprise. Elle sait que la loi romaine ne permet pas de choisir un étranger comme héritier.

Double page suivante : Les assassins poignardent César devant la statue de Pompée. Cette œuvre de Vincenzo Camuccini, datée de 1797, s'inspire du récit du meurtre de César par l'historien Plutarque.

Le testament enlève à la souveraine la quasi-légitimité dont elle a joui en tant que maîtresse de César, mais elle se sait en sûreté à Rome. Marc Antoine, consul avec César, tient les rênes de l'État. Or, Cléopâtre le considère comme un ami. Beaucoup d'observateurs politiques pensent qu'Antoine a des chances de s'imposer comme le successeur de César. Octave, qui a seulement dix-neuf, étudie à Apollonia et semble trop jeune et inexpérimenté pour prendre la tête du gouvernement. Cependant la suite des événements prouvera le contraire.

Dès qu'il apprend la mort de son oncle, Octave accourt à Rome pour réclamer son héritage qui englobe, selon lui, le gouvernement de l'empire. Antoine est résolu à l'affronter et à déclencher une nouvelle guerre civile.

L'arrivée d'Octave précipite le départ de Cléopâtre. L'héritier légal de César ne témoignera sûrement aucune sympathie pour une femme qui affirme que son fils est l'héritier de César par le sang. Et sans doute il n'aura pas plus d'indulgence envers l'enfant. En avril 44 av. J.-C., la reine, son fils, son frère et sa suite quittent Rome pour Alexandrie.

Des difficultés l'attendent dans son pays. Ses ministres, qui ont bien administré l'Égypte, ne sont pas en cause. Mais sa sœur Arsinoé, réfugiée dans le sanctuaire d'Éphèse, complote. La princesse exilée convoite toujours le trône et soutient un usurpateur qui prétend être Ptolémée XIII, miraculeusement sorti du Nil. Cléopâtre doit regretter que César n'ait pas tué la jeune femme quand il le pouvait. Tout porte à la croire capable d'une telle cruauté.

Du reste, dès son retour à Alexandrie, elle élimine Ptolémée XIV. D'après la rumeur, elle l'a empoisonné. À quinze ans, il est assez âgé pour lui disputer le pouvoir comme l'avait fait Ptolémée XIII. Il est aussi un obstacle pour Césarion. Ainsi elle est

sûre que la succession sera assurée quoiqu'il puisse lui arriver. Son frère doit mourir pour que règne un jour son fils, qui a alors trois ans – tel est le raisonnement impitoyable des Ptolémée.

Cléopâtre a d'autres sujets d'inquiétude que les questions familiales. La nouvelle guerre civile qui déchire Rome peut conduire à l'annexion de l'Égypte comme province romaine. Cléopâtre doit préserver à tout prix son royaume.

Après l'assassinat de César, le peuple s'est retourné contre les conspirateurs. Brutus et Cassius ont fui l'Italie à l'été 44 av. J.-C. Brutus est allé en Macédoine, Cassius en Syrie, accompagnés par une armée de Républicains. En Syrie, Cassius rencontre l'armée de Publius Cornelius Dolabella, un général fidèle à César. La guerre est aux portes de l'Égypte. Les deux partis s'adressent à Cléopâtre pour obtenir de l'argent et des troupes.

Pour Cléopâtre, le choix est délicat. Le fait qu'elle déteste les assassins de César la porterait à soutenir Dolabella. Mais Cassius est plus fort militairement. S'il remporte la victoire en Syrie, il envahira peut-être l'Égypte pour s'emparer de ses richesses afin de financer la guerre. Si la reine ne le soutient pas, il n'aura aucune pitié.

Finalement, elle autorise les quatre légions romaines laissées par César en Égypte à rejoindre Dolabella. Elle tente de lui envoyer aussi une flotte qui ne peut appareiller à cause du mauvais temps. Elle prend soin de ne pas repousser ouvertement les demandes répétées de Cassius. Elle invente des excuses et prétexte la famine et les épidémies qui appauvrissent l'Égypte.

De fait, la crue du Nil, insuffisante, a entraîné une série de mauvaises récoltes.

C'est la trahison de Brutus, représenté ici par Michel-Ange, qui a finalement eu raison de César. D'après Plutarque, il combattit les autres assassins, mais quand il vit Brutus l'épée à la main, il abandonna toute résistance. Il se couvrit le visage de sa toge et se laissa choir.

Alors qu'elle temporise, les légions cédées à Dolabella passent dans le camp adverse. Dolabella, vaincu, se suicide.

L'Égypte est en danger. Tous les pays environnants, les provinces orientales de Rome, se sont prononcés pour Cassius et Brutus. Cassius se prépare à ramener l'Égypte à la raison. À la fin de 43 av. J.-C., l'invasion est évitée grâce à Brutus qui convoque Cassius à un conseil d'urgence en Asie Mineure, car les conjurés sont menacés en Occident.

Après son retour à Rome, Octave a rassemblé une coalition composée de partisans de César et de républicains. Il chasse Antoine d'Italie et le repousse en Gaule. Mais dans cette lutte, il doit aussi compter avec Marcus Aemilius Lepidus, ancien maître de cavalerie de César ou commandant en second. Lépide, qui se range du côté d'Antoine, détient toutes les provinces occidentales de Rome. Plutôt que de tout perdre, Octave se réconcilie avec eux. En novembre 43 av. J.-C., il constitue avec Antoine et Lépide le second triumvirat. Pendant cinq ans, ils détiendront la dictature et gouverneront ensemble. Ils se tournent maintenant vers les assassins de César.

La confrontation finale a lieu à l'automne 42 av. J.-C.,

Conspirateurs, traîtres et assassins

Juste après la mort de César, Marc Antoine demande au Sénat de pardonner les assassins. Cette initiative est louée par tous, pensant qu'elle évitera probablement la guerre civile. Mais, quelques heures plus tard, il change de discours.

Pendant des siècles, les historiens ont commenté l'oraison funèbre qu'il prononce sur le Forum le lendemain du meurtre. D'après Plutarque, ses propos sont d'abord mesurés. Puis, quand il comprend que le peuple est profondément affecté par son allocution, il mêle à ses louanges des paroles de commisération et exprime son horreur face à l'événement. Pour conclure, il brandit les vêtements du mort et montre à la foule les taches de sang et les déchirures faites par les poignards, traitant les coupables de traîtres et de meurtriers.

Quels qu'aient été les propos exacts d'Antoine, ils ont provoqué la colère du peuple qui a incendié les maisons des conjurés, les contraignants à fuir Rome, entraînant la guerre civile.

La version la plus célèbre du discours d'Antoine, celle du *Jules César* de Shakespeare, débute par cette allocution faite au peuple romain : « Amis, Romains, compatriotes, écoutez-moi (...). »

Ci-dessus : À la fin du XVIIIe siècle, Guillaume Lethière, originaire de la Guadeloupe et fils d'un esclave affranchi, a peint la *Mort de César*.

Cette sculpture en marbre du jeune Octave a été exécutée par Edmonia Lewis au XIXe siècle. Octave n'a pas encore vingt ans quand son grand-oncle, Jules César, le choisit comme fils adoptif et héritier. Cette idée a semblé dans un premier temps ridicule à de nombreux Romains dont Marc Antoine, qui voyait mal comment ce gringalet pourrait gouverner l'Empire romain.

près de la ville macédonienne de Philippe. Les Césariens, conduits par Antoine, défont l'armée républicaine des conspirateurs. Après la mort de Brutus et de Cassius, Antoine, Octave et Lépide se partagent l'empire romain.

Octave obtient Rome et les provinces occidentales, Lépide le nord de l'Afrique et Antoine les territoires orientaux. Cet arrangement convient bien à Antoine, qui aime l'Orient contrairement à la plupart des Romains.

Antoine, qui prend rapidement possession de son nouveau domaine, s'établit à Tarse, en Asie Mineure. Parmi les questions administratives à régler, l'une des plus intéressantes concerne la reine d'Égypte. Il somme Cléopâtre de venir expliquer à Tarse pourquoi elle n'a pas soutenu le triumvirat pendant la guerre civile.

Cela n'est pas complètement exact. Vers la fin de la guerre, Cléopâtre s'est décidée pour les Césariens bien qu'elle considère Octave comme une menace potentielle pour son fils. Malgré les bateaux que Cassius a disposés pour bloquer son port, la reine a réuni une flotte bien équipée qu'elle compte escorter elle-même en Grèce pour la remettre à Antoine et Octave. La flotte, qui franchit le blocus avec succès, est victime d'une tempête au large de l'Afrique du Nord. Cléopâtre s'efforce de constituer une autre flotte lorsque la bataille de Philippes met fin à la guerre.

Elle peut justifier sa conduite, mais elle n'est pas pressée de le faire. On ne convoque pas la reine d'Égypte comme une vulgaire servante. Elle ne répond pas aux ordres. Elle laisse Antoine patienter. Elle ira à Tarse, quand elle le décidera et de la manière qui lui convient.

Pour le moment, l'Égypte et sa souveraine sont en sécurité. Mais il est évident que Marc Antoine est le Romain avec qui elle devra traiter à l'avenir. Elle y parviendra sans difficulté.

Chapitre V

LE DERNIER PHARAON

Marc Antoine a la malchance de se définir par ce qu'il n'est pas. Ainsi, il n'est pas Jules César. À la différence de ce dernier, il est vif, mais pas brillant, il est courageux au combat, mais il n'est pas un fin stratège, il est aimé de ses hommes, mais pas adulé. Il possède les avantages de la naissance et de la richesse, mais non la rigueur et l'énergie qui lui permettraient d'en tirer le meilleur parti.

Peu après sa mort, César est divinisé par le Sénat. Antoine, lui, n'a rien de divin. Il est désespérément humain. Il est prétentieux, fanfaron, capable à l'occasion de cruauté et de manque d'égards qui ne rendent pas compte de sa nature foncièrement généreuse, confiante et facile.

Il appartient à une famille patricienne qui prétend descendre du demi-dieu Hercule. Par son physique et sa conduite, Antoine ressemble suffisamment au héros pour rendre la parenté vraisemblable. Avec son front haut, son nez aquilin et sa barbe fournie, il évoque l'Hercule de la statuaire. Il adopte le costume de son modèle. Il noue la ceinture de son épée sur sa tunique, assez bas sur les hanches, pour bien mettre en valeur son corps splendide. Comme Hercule, Antoine est tour à tour loyal, gentil, fort, grossier, violent, avec un faible pour le vin et les femmes, y compris celles de ses amis. Il montre le meilleur de lui-même dans l'adversité. Sans crise à affronter, il est paresseux et indolent.

Jeune, Antoine choisit mal ses fréquentations. Ses excès de boisson et son comportement brutal lui font perdre beaucoup d'amis. Il part en Grèce étudier

Sébastien Bourdon a peint en 1645 une des rencontres d'Antoine et Cléopâtre. À gauche, les chameaux et l'obélisque, détails qui évoquent l'Égypte pour les Européens du XVIIe siècle, indiquent que l'artiste situe la scène à Alexandrie.

la science militaire et la rhétorique. Il aime le style oratoire très fleuri de l'Orient qui convient bien à son caractère. Il participe à l'expédition de Gabinius qui vise à restaurer Ptolémée XII sur son trône. La bravoure exceptionnelle dont fait alors preuve le jeune officier marque le début de son ascension dans les cercles dirigeants de Rome.

César est si impressionné par son professionnalisme qu'après la bataille de Pharsale, il l'envoie à Rome comme commandant en second. Mais Antoine le déçoit. Il s'aliène les Romains respectables indignés par sa vie désordonnée et scandaleuse et par ses relations avec les actrices, les musiciens et autres personnes jugées peu recommandables. Tombé en disgrâce auprès de César, il réussit cependant à reconquérir la faveur du dictateur et apparaît, à la mort de ce dernier, comme un successeur possible. Cette promotion satisfait certainement la belle Fulvie, sa troisième épouse, énergique et ambitieuse, qui cherche à corriger les mauvaises habitudes de son mari et à l'instituer maître du monde.

Quels que soient ces défauts, Antoine dispose de nombreux atouts. Il a presque quarante ans au moment de la mort de César, c'est-à-dire deux fois l'âge d'Octave. Il possède une grande expérience du gouvernement et de la guerre. Il est le héros de la bataille de Philippes, où il a écrasé les conjurés. Octave, malade, n'a pas pris part à la bataille. Il est même tellement souffrant que beaucoup pensent que sa fin est proche. C'est peut-être une opinion que partage Antoine. De toute façon, ce dernier considère qu'Octave doit tout à son nom prestigieux. Ici, comme dans d'autres situations, Antoine commet une grave erreur de jugement.

Cette statue en bronze hellénistique d'Hercule met en évidence la musculature du héros. Hercule et Antoine ont d'autres points communs que leur force physique. Ils sont impulsifs, mais savent reconnaître leurs erreurs. Tous deux sont sensibles aux charmes des femmes de caractère.
À droite : Tête de Marc Antoine.

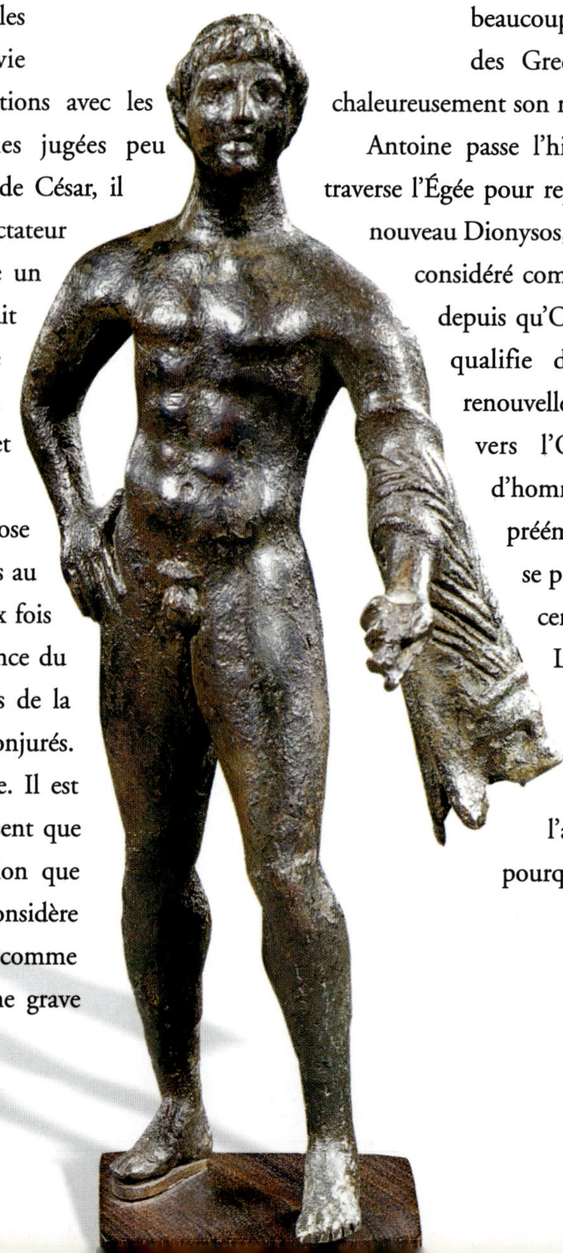

Il est meilleur juge en matière de territoires. Lorsque les triumvirs se partagent le monde romain, Antoine, qui choisit le premier, jette son dévolu sur l'Orient et ses fabuleuses richesses. Sa part comprend la Grèce, l'Asie Mineure (les provinces romaines d'Asie et de Cilicie), la Bithynie et le Pont ainsi que la Syrie. L'Égypte, encore indépendante, fait partie de son aire d'influence. L'Orient peut financer toutes les entreprises militaires dont il rêve. Il satisfait aussi son amour du luxe. Le Romain, qui apprécie beaucoup le mode de vie grec, est en retour aimé des Grecs. Le monde hellénistique accueille chaleureusement son nouveau gouverneur.

Antoine passe l'hiver 42-41 av. J.-C. en Grèce puis il traverse l'Égée pour rejoindre Éphèse où il est fêté comme le nouveau Dionysos, qui apporte la paix et l'abondance. Être considéré comme un dieu ne lui déplaît pas, surtout depuis qu'Octave, fils adoptif de César divinisé, se qualifie de fils de dieu. Ces honneurs se renouvellent tout au long du voyage d'Antoine vers l'Orient. Ils confortent sa position d'homme le plus influent du monde et sa prééminence au sein du triumvirat. L'avenir se présente sous les meilleurs auspices. Il est certain d'éclipser définitivement Octave et Lépide avec son nouveau projet : la conquête de l'Empire parthe que César s'apprêtait à entreprendre.

Pour préparer cette campagne, l'aide de l'Égypte lui sera nécessaire. C'est pourquoi il convoque Cléopâtre.

L'ENTRÉE DE CLÉOPÂTRE À TARSE

Dans *Antoine et Cléopâtre*, l'arrivée de la reine à Tarse, décrite par Plutarque, a inspiré à Shakespeare certains de ses plus beaux vers : « La barque où elle était couchée, resplendissante comme un trône, incendiait l'eau ; la poupe était d'or martelé ; de pourpre les voiles parfumées au point que les vents amoureux pâmaient sur elles ; les avirons étaient d'argent, qui battaient les flots en cadence, au son des flûtes, et les faisaient s'empresser sous les délices de leurs coups. Quant à elle, elle dépassait toute description : sous un pavillon de drap d'or, elle reposait, plus belle encore que cette image de Vénus dans laquelle l'imagination fait rougir la réalité. »

Ci-dessus : Au XVIIe siècle, Claude Lorrain a peint le départ de Cléopâtre pour Tarse.

La Cléopâtre qui organise dans son palais royal sa rencontre avec Antoine est bien différente de la jeune exilée, sans expérience, qui sept ans plus tôt projetait, dans une tente plantée au milieu du désert, de séduire César. Elle a maintenant vingt-huit ans. Elle est mère d'un enfant, elle a connu l'amour et l'a perdu. Elle a confiance en son pouvoir de reine et en elle-même. Alors que c'est une fugitive qui a approché César, ce sera une déesse qui se présentera devant Marc Antoine.

Double page suivante : Le dîner ne semble guère divertir Cléopâtre et Antoine sur ce tableau du XVIIIe siècle. Cette morosité est peut-être due au cadre froid et conventionnel ou aux lourds vêtements dont l'artiste Giovanni Battista Tiepolo les a revêtus.

Après avoir ignoré plusieurs convocations impérieuses, elle accepte finalement une entrevue à Tarse, en Cilicie. Elle fait apprêter son immense navire royal doré, équipé de voiles colorées en pourpre avec les précieuses teintures de Tyr et propulsé par des rames en argent. Elle traverse la Méditerranée sur ce palais flottant jusqu'à l'embouchure du Cydnus.

La foule se masse rapidement sur les rives pour assister à la remontée du fleuve. De belles jeunes femmes, vêtues des tuniques légères des nymphes, tiennent le gouvernail. Les rames d'argent s'enfoncent dans l'eau au rythme des flûtes et des luths. La brise chasse vers la plage la fumée de l'encens, aux riches effluves. Sur le pont se dresse un dais brodé d'or abritant le lit sur lequel repose Cléopâtre, en costume d'Aphrodite. Des garçons, déguisés en amour, éventent doucement la reine.

Antoine reste bientôt seul sur le forum de Tarse, où il attend la souveraine. Averti par des cris annonçant qu'Aphrodite est venue se divertir en compagnie de Dionysos, le peuple se précipite vers le fleuve. Comme la reine ne se montre pas, Antoine lui envoie une invitation à dîner pour le soir même. Cléopâtre réplique poliment qu'elle préfère le convier avec ses amis à bord de son navire.

Introduits dans la salle à manger, Antoine et sa suite découvrent une douzaine de tables couvertes de plats et de coupes incrustées de joyaux. Des tapisseries brodées d'or et d'argent sont suspendues ici et là. Des milliers de lampes illuminent le bateau et percent la nuit. Antoine est stupéfait, comme il est supposé l'être. Il est encore plus ébahi lorsque son hôtesse lui offre ces merveilles.

La nuit suivante, il la reçoit sur la terre ferme, mais beaucoup moins luxueusement. Cléopêtre l'invite encore à bord du navire les troisième et quatrième nuits. Ses hommes et lui foulent le pont recouvert d'un épais tapis de pétales de roses. Chaque soir, la reine lui fait présent de vaisselle précieuse et gratifie les autres convives de cadeaux un peu moins fastueux.

Pour Cléopâtre, ces dons, prélevés sur le capital égyptien, constituent un investissement. Son but est d'impressionner Antoine et l'Orient et de créer une sorte d'alliance sacrée entre Rome et l'Égypte. Dans la culture hellénistique, Dionysos est assimilé à Osiris et Aphrodite à Isis. En rendant visite au nouveau Dionysos sous l'aspect de la déesse grecque de l'amour et en sous-entendant ainsi l'existence d'une relation conjugale dans la sphère divine, la reine renforce son statut sur la scène internationale. C'est sans doute ainsi que l'Orient interprète cette visite. Pour les Orientaux la débordante hospitalité de la reine n'est autre qu'une manière de célébrer dignement cette union.

Cléopâtre cherche à flatter les aspects les plus vulnérables de la personnalité d'Antoine : sa vanité, son sens du drame, son goût pour l'ostentation et le luxe, son amour des femmes. L'histoire ne dit pas quand Cléopâtre et le triumvir sont devenus amants à Tarse, mais cela importe peu. C'était une conclusion prévisible.

Antoine s'intéresse alors moins à la politique que Cléopâtre qui, tout en appréciant l'agréable intermède, ne perd pas de vue ses intérêts. Elle entend monnayer sa contribution à la future guerre parthe. Elle explique à Antoine qu'elle n'a pas aidé les conjurés au cours de la guerre précédente, mais qu'on ne peut en dire autant de sa sœur Arsinoé qui a convaincu Sérapion, le gouverneur de Chypre, d'aider Brutus et Cassius. Elle obtient que les hommes d'Antoine tirent Arsinoé du sanctuaire d'Éphèse pour l'exécuter. Sérapion et le faux Ptolémée XIII subissent le même sort.

Cléopâtre, désormais seule survivante des enfants de Ptolémée XII, regagne Alexandrie où Antoine, après une brève visite en Syrie, la rejoint pour passer l'hiver auprès d'elle. Il prolongera en fait son séjour durant toute une année.

Pour Cléopâtre, c'est une époque magique. C'est l'adolescence insouciante et joyeuse qu'elle n'a pas eue. Elle organise une série ininterrompue de divertissements pour son amant. Jeux publics, chasse et pêche, nuits de fête et de paris. Les deux amants se déguisent parfois en serviteurs pour parcourir les rues d'Alexandrie et s'encanailler dans les tavernes de Canope, dans la banlieue de la ville. Avec quelques compagnons, recrutés parmi l'élite intellectuelle et sociale de la ville, ils forment le cercle de la Vie inimitable dont le but est de profiter des plaisirs de la vie. Mais Cléopâtre n'entend pas asservir Antoine, elle stimule son ambition et l'encourage à lutter contre les Parthes.

Tandis que le triumvir prend du bon temps à Alexandrie, les Parthes s'emparent des provinces romaines de Syrie et de Judée et pénètrent en Asie Mineure. Alors qu'il retourne vers cette contrée, Antoine reçoit des nouvelles encore plus alarmantes. À son insu, son ambitieuse épouse et son frère ont provoqué un soulèvement contre Octave, en Italie. Le complot ayant échoué, Fulvie s'est enfuie en Grèce. Au printemps 40 av. J.-C., Antoine fait voile vers Athènes pour connaître les détails de la machination de Fulvie. Après une entrevue orageuse, il part pour l'Italie afin d'en découdre avec Octave. Il ne reverra plus son épouse emportée par la maladie quelques mois plus tard.

Bien que malheureux, ces événements réjouissent Cléopâtre. Elle n'est pas fâchée qu'Antoine rompe avec Octave qu'elle considère comme le rival de Césarion en ce qui concerne la succession de César. Son rêve de voir l'Égypte et Rome dominer ensemble le monde repose maintenant sur Antoine. Il doit se débarrasser d'Octave et soutenir Césarion. La mort de Fulvie libère Antoine et lui permet de l'épouser. Que Rome reconnaisse ou non cette union, elle le rapprochera d'elle et l'éloignera un peu plus d'Octave.

Cléopâtre n'a jamais pensé qu'elle avait peut-être choisi le mauvais triumvir. Elle a beaucoup de points communs avec Octave : une intelligence supérieure, une rare ténacité et une soif de pouvoir inextinguible. Si certains sous-estiment le jeune Romain, ce n'est pas le cas de Cléopâtre. Elle sait que si César a confié à son petit-neveu

Le géographe grec Strabon a décrit le Grand Port d'Alexandrie (ci-dessous). « À l'entrée dans le grand port, à main droite, se trouvent l'île et le phare et à main gauche des récifs ainsi que le cap Lochias, qui supporte un palais royal ; si l'on navigue dans le port, on arrive, à gauche, aux palais royaux de l'intérieur qui sont dans le prolongement de celui du cap Lochias et qui possèdent des bosquets et des constructions de couleurs variées. »

Plutarque et les hommes illustres

Le Grec Plutarque (vers 50-125 ap. J.-C.), historien, philosophe et biographe, originaire de Chéronée, a beaucoup voyagé. Il a servi plusieurs années comme prêtre d'Apollon à Delphes. Bien que Rome lui ait décerné nombre d'honneurs pour ses écrits, cela n'a pas altéré son identité grecque. Son ouvrage le plus célèbre s'intitule *Vies parallèles* ou *Vies des hommes illustres.* Il rassemble quarante-six biographies groupées deux par deux. Plutarque, qui s'intéresse à la morale, établit des comparaisons entre les dirigeants grecs et romains et attribue leurs succès et leurs échecs à la force ou la faiblesse de leur caractère. On estime que Plutarque est l'auteur de quelque deux cent cinquante œuvres dont un tiers seulement a survécu. Ces écrits ont alimenté les écrivains et les artistes pendant des siècles.

Ci-dessus : Détail d'un tableau du peintre hollandais Gérard de Lairesse figurant le débarquement de Cléopâtre à Tarse.

Bernard Camier tient délicatement une amphore trouvée sur le site d'un ancien naufrage. Le col, étroit, est pourvu de deux anses fixées près du bord, ce qui est caractéristique des amphores. L'objet provient de Crète et date d'une période comprise entre le Ier siècle av. J.-C. et le Ier siècle ap. J.-C. Dans les régions méditerranéennes, on utilisait couramment ces récipients en argile pour conserver et transporter des denrées comme l'huile d'olive, le vin, le poisson salé ou le garum, une sauce à base de poisson. Long et cylindrique ou plutôt ovale, la forme du corps du vase facilite la manutention et le stockage à bord des navires. Les anses et les bouchons d'amphore portaient souvent des sceaux permettant d'identifier l'armateur, le destinataire ou le contenu.

Hérode le Grand

Le roi Hérode, qui croise la route de Cléopâtre, est le tyran qui, dans la Bible, tente d'éliminer, à la fin de son règne, l'enfant Jésus en ordonnant le massacre de tous les nouveaux-nés mâles de Judée. Le personnage est toutefois plus complexe que ne laisse percevoir cette histoire.

Hérode, qui règne sur une nation de juifs, est un Arabe iduméen. Son grand-père et son père se sont succédé comme gouverneurs de la province d'Idumée au sud de la Judée. Les habitants de cette région sont contraints de se convertir au judaïsme au cours du siècle qui précède la naissance d'Hérode. Comme les Ptolémée, la famille d'Hérode a tissé des liens étroits avec Rome. Elle est consciente de faire partie du monde gréco-romain qui s'étend au-delà de la Judée.

En 40 av. J.-C., lorsque les Parthes envahissent le pays, Hérode exerce la fonction de vice-roi de Judée, à laquelle il a été nommé par son ami Marc Antoine. Pour sauver sa vie, il s'enfuit en Égypte où il rencontre Cléopâtre. Elle l'aide à gagner Rome où il espère obtenir de l'aide pour reconquérir son pays. Il est alors âgé de trente-deux ans. Beau, charmeur et brillant, il se rend populaire dans les cercles aristocratiques de Rome. Avec l'appui d'Antoine, il est nommé par le Sénat roi de Judée, et s'emploie à faire en sorte que ce titre signifie quelque chose.

Habile guerrier, il chasse les Parthes et supprime les derniers faibles représentants de la dynastie asmonéenne qui régnait sur la Judée, accroissant son territoire de la Samarie, de la Galilée et d'une partie de la Syrie. Il entreprend de grands travaux d'abord à Jérusalem où il reconstruit le temple de Salomon. Le nouveau sanctuaire fait l'admiration du monde méditerranéen. Il ne subsiste aujourd'hui que le mur de soutènement ouest de la terrasse du temple, devenu le mur des Lamentations. Hérode érige aussi un palais royal à Jérusalem, une résidence d'été à Jéricho et une série de forteresses dans le désert, dont celle de Massada. Après la défaite d'Antoine à Actium, Hérode fait allégeance à Octave, fondant en son honneur la ville portuaire de Césarée.

Hérode est aussi un monarque hellénistique. Aimant le luxe, le raffinement et le pouvoir, il est aussi impitoyable que les Ptolémée.

Il tue l'une de ses dix épouses et trois de ses fils qu'il soupçonne de trahison. À ce propos, Octave, qui porte désormais le titre de César Auguste, dira qu'il vaut mieux être un porc qu'un fils d'Hérode. Il élimine aussi les juifs conservateurs qui le détestent en tant qu'étranger, blasphémateur, tyran et marionnette des Romains et l'accusent de transformer le mode de vie juif.

En vieillissant, Hérode devient de plus en plus perturbé et cruel. À la fin de sa vie, dévoré par la maladie, la douleur le rend fou.

En 4 ap. J.-C., sur son lit de mort à Jéricho, il ordonne que l'on rassemble les chefs des familles dirigeantes de Judée et qu'on les emprisonne afin de les exécuter après son décès. Si la Judée ne le pleure pas, dit-il, elle sera quand même en larmes. L'ordre n'a jamais été exécuté.

À gauche : Ce tableau (vers 1886-1896) de James Jacques Joseph Tissot reconstitue le temple d'Hérode à Jérusalem.

la destinée de Rome, c'est qu'il a perçu en lui des qualités exceptionnelles. Cléopâtre, amoureuse d'Antoine, est à nouveau enceinte. Quelques mois après le départ de leur père, elle donne naissance à des jumeaux, un garçon appelé Alexandre Hélios (le Soleil) et une fille, Cléopâtre Séléné (la Lune). Maintenant elle ne peut qu'attendre et espérer que le sort qu'elle a jeté à Antoine le ramène vers elle et ses enfants.

Cléopâtre, pour être informée des activités d'Antoine à Rome, a fait admettre dans ses gens un astrologue égyptien. Quand le rapport de ce dernier arrive, elle est atterrée. Après quelques frictions, les deux triumvirs ont renouvelé leur alliance. Et pour sceller leur accord, Antoine a épousé la sœur d'Octave.

Cléopâtre réagit d'abord en femme plus qu'en reine. Elle éprouve de la colère, de la souffrance et de la jalousie. Octavie, la nouvelle épouse, est plus jeune qu'elle. Elle est belle, intelligente et hautement respectée pour sa vertu irréprochable. Et si la reine a gardé quelque espoir que ce mariage est de simple convenance, cette espérance s'évanouit lorsqu'elle apprend qu'Octavie est enceinte. Elle vit à Athènes avec Antoine qui profite des plaisirs de la ville pendant que ses troupes remportent quelques victoires préliminaires contre les Parthes.

Le pragmatisme de Cléopâtre l'emporte sur l'humiliation et la colère. Elle sait que le temps viendra où Antoine aura besoin de l'Égypte et donc besoin d'elle.

Leur séparation dure trois ans. Pendant ce temps, l'alliance des triumvirs devient de plus en plus tendue, mais elle résiste notamment grâce à l'influence apaisante d'Octavie sur son mari et son frère. En 37 av. J.-C., à Tarente, en Italie, le triumvirat est renouvelé pour cinq ans. À l'automne, Antoine quitte Octavie, enceinte de leur deuxième enfant, et fait voile vers Antioche, en Syrie. Il convoque à nouveau Cléopâtre.

Elle ira le voir, comme à Tarse, quatre ans plus tôt. Mais elle augmente considérablement ses prétentions. Si Antoine veut à la fois sa maîtresse et l'aide financière et militaire qu'elle seule peut lui apporter, il devra céder à l'Égypte les territoires contrôlés par les Ptolémée à l'apogée de l'Empire lagide deux siècles plus tôt.

Cléopâtre s'embarque pour Antioche avec ses enfants afin de retrouver Antoine. Leur passion est aussitôt ravivée. Ils séjournent un an dans la superbe cité, non en tant qu'amants, mais comme mari et femme. De sa liaison avec César et de la désertion d'Antoine, Cléopâtre a appris que l'amour seul n'apporte aucune sécurité. Elle exige le mariage. Antoine accepte et tous deux se marient selon la coutume orientale qui autorise la polygamie.

Évidemment, le mariage scandalise Rome. La sympathie va à Octavie, qui endure ce camouflet en silence. On blâme Cléopâtre, femme dévergondée qui a fait perdre la tête à un deuxième Romain. Octave se montre particulièrement offensé. En fait, ce scandale alimente sa propagande contre Cléopâtre. Le rejet populaire de Cléopâtre et d'Antoine sera utile lorsque le triumvirat volera en éclat. Comme Cléopâtre, Octave comprend que Rome ne peut avoir qu'un seul maître.

Pour le moment, la reine ne se préoccupe pas de l'opinion d'Octave et des Romains. Elle s'est attaché Antoine qui a rendu à l'Égypte la plupart des territoires dominés par les Ptolémée. Parmi ces possessions se rangent une partie de la côte de Syrie-Palestine, une partie de la côte de Cilicie et plusieurs cités à la frontière de la Judée. Dans le royaume de Judée, gouverné par Hérode, elle obtient une exploitation agricole, qui produit des dattes et du baume.

Mais c'est le royaume de Judée tout entier qu'elle convoite, car il a jadis appartenu à sa dynastie. Malgré ses demandes répétées, Antoine ne cède pas. Il s'est donné beaucoup de mal pour installer un jeune souverain – il est âgé de trente-deux ans – compétent sur le trône de Jérusalem. Le roi Hérode est aussi un ami et un allié qu'il entend conserver. Rome commence à redouter le pouvoir de Cléopâtre qu'Antoine doit absolument contrôler. Une Judée forte contrebalancera la suprématie de l'Égypte en Orient.

Antoine choisit judicieusement les territoires qu'il livre à son épouse. La plupart sont riches en bois, or le bois sert à construire

(ITALIE)
ROME
CANNES
TARENTE
MESSINE
Sicile
Mer Ionienne
MACÉDOINE
Épire
ACTIUM
CORINTHE
(GRÈCE)
MÉTHONE
ATHÈNES
Mer Égée
Mer Noire
SMYRNE
ÉPHÈSE
SAMOS
Crète
Mer Méditerranée
(AFRIQUE DU NORD)
LÉGENDE
NOM ANTIQUE
(NOM MODERNE)
N
0
300 km

Lors de la campagne contre les Parthes, l'armée de Marc Antoine a traversé l'Arabie en direction de l'Arménie pour opérer sa jonction avec les troupes de plusieurs rois alliés. Plutarque raconte que les soldats d'Antoine étaient exténués par leur longue marche. Pourtant sans même leur accorder de repos, leur général leur demande d'envahir la Médie et d'assiéger la cité de Phraate. Dans sa précipitation, Antoine laisse en arrière un convoi de trois cents chariots transportant les engins de siège, que les Parthes attaquent et détruisent. Les erreurs de tactique et la trahison de certains de ses alliés contraignent Antoine et ses hommes à entreprendre en plein hiver une retraite de vingt-sept jours. L'armée est alors décimée par la maladie, la faim, le froid et les flèches des Parthes. La propagande d'Octave met la défaite sur le compte de Cléopâtre, prétendant qu'Antoine aurait perdu tout jugement dans sa hâte de revenir vers Cléopâtre.

des bateaux. Antoine a repris les préparatifs de sa campagne militaire pour laquelle Cléopâtre construit une flotte.

Antoine quitte la Syrie au printemps 36 av. J.-C. pour affronter les Parthes. Cette expédition, qui doit être la plus grande des guerres impériales, lui permettra de prouver qu'il est l'égal de César et son digne successeur. Cléopâtre, accompagnée d'une nombreuse suite, l'escorte jusqu'à l'Euphrate. Elle regagne Alexandrie en passant par la Judée afin d'inspecter ses propriétés. D'après certains témoignages, Hérode aurait tenté de l'assassiner, puis ayant échoué, l'aurait escorté cordialement jusqu'à la frontière égyptienne. Un tel comportement ne saurait surprendre de la part du roi qui est aussi habile meurtrier que diplomate.

De retour en Égypte, Cléopâtre donne à Antoine un autre fils, Ptolémée Philadelphe, et attend la nouvelle d'une magnifique victoire en Orient qui assurera l'avenir de ses enfants. Mais la guerre parthe s'avère catastrophique. Antoine commet une erreur tactique en divisant ses forces. Une partie de son armée est victime de la trahison d'un de ses alliés supposés, Artavasde, roi d'Arménie. Ses troupes se retournent contre les Romains et les massacrent. Bien d'autres légionnaires succombent aux flèches des redoutables archers parthes, à la maladie ou au froid au cours de la retraite qui les ramène vers la Syrie pendant l'hiver. En tout, Antoine perd trente-deux mille hommes.

De Syrie, il réclame de l'argent et des vivres à Cléopâtre. La reine s'exécute, mais elle nourrit des doutes quant à l'avenir d'Antoine et au sien. Antoine fonde sa supériorité sur Octave sur ses capacités guerrières. Or, la campagne qu'il a lancée, qui est la plus grande épreuve militaire de sa vie, se solde par un lamentable échec. Il est vrai qu'Octave n'est pas un soldat, mais il a confié l'armée à un homme très capable : Marcus Vipsanius Agrippa, son ami d'enfance, est un amiral émérite. Alors qu'Antoine se fait écraser par les Parthes, Agrippa s'empare, en Sicile, de la place forte du dernier fils survivant du grand Pompée, le rebelle Sextus, dont la flotte a repoussé tous les précédents assauts.

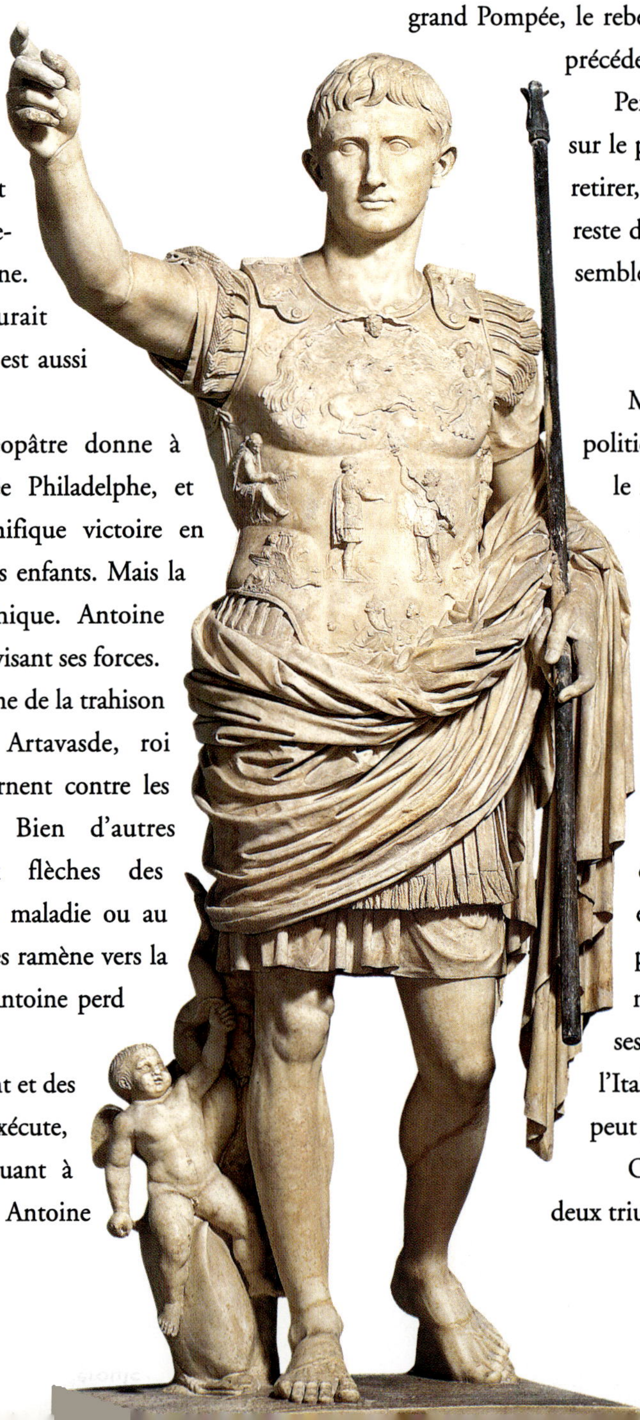

Pendant qu'Agrippa se bat, Octave manœuvre sur le plan politique. Après avoir obligé Lépide à se retirer, il prend le contrôle de l'Afrique du Nord. Il reste deux triumvirs. Octave, maître de l'Occident, semble maintenant le plus fort.

Médiocre soldat, Octave est l'un des politiciens et propagandistes les plus brillants que le monde ait connu. Il commence à le prouver lorsqu'Antoine envoie à Rome des dépêches qui présentent sa défaite sous un jour favorable et hautement imaginaire. Octave, qui connaît parfaitement l'ampleur du désastre, ne relève pas les mensonges d'Antoine. Au contraire, il insiste pour que Rome remercie officiellement le conquérant. La manœuvre est habile. Elle met en évidence la générosité d'Octave. Et surtout, elle suggère qu'Antoine a désormais la possibilité de recruter des hommes dans ses nouveaux et vastes territoires et d'y installer ses vétérans. Il n'a plus besoin pour cela de l'Italie, centre du pouvoir d'Octave. Antoine ne peut protester sans révéler sa propre duplicité.

Octave obtient aussi que le Sénat confère aux deux triumvirs l'honneur de célébrer un banquet dans

Une alliance difficile

Antoine n'a jamais voulu la guerre avec Octave. À chaque trahison ou manque de parole du triumvir, Antoine l'a pardonné, jusqu'au moment où le pardon est devenu impossible. D'après Plutarque, Antoine, avec son caractère simple et direct, faisait confiance au triumvir. Même les avertissements de Cléopâtre, qui ne se fie à personne, n'ont pas réussi à le convaincre de précipiter l'inévitable confrontation avec Octave pour le contrôle de Rome.

Ci-dessus : Cette tapisserie de Bruxelles, due à Karel van Mander, représente Marc Antoine, barbu, et le jeune Octave, tous deux coiffés de couronnes de laurier, qui se serrent la main en signe d'amitié.

À gauche : Statue d'Octave Auguste.

le temple de la Concorde avec leurs épouses et leurs enfants. Il sait, bien sûr, qu'Antoine ne viendra pas et que son absence ne manquera pas d'attirer un peu plus encore l'attention sur sa liaison avec Cléopâtre.

Pour parachever la mise à l'écart d'Antoine, Octave met au point un autre stratagème. Il confie à Octavie le soin de convoyer en Syrie des provisions destinées à l'armée décimée d'Antoine, des bateaux et deux mille soldats. À Rome, le geste apparaît bienveillant. En fait, Octave a promis à son beau-frère vingt mille légionnaires. Le contingent qu'il envoie est une véritable insulte. À Athènes, Octavie reçoit une lettre de son mari lui demandant d'envoyer les renforts et de retourner à Rome. Les Romains concluent, comme l'escomptait Octave, qu'Antoine a une nouvelle fois abandonné son épouse légitime pour la reine débauchée. La dignité d'Octavie aggrave encore le comportement d'Antoine. Dans sa demeure, elle s'occupe des enfants qu'il a eus avec elle et de ceux de Fulvie. Le peuple critique le traitement odieux qu'Antoine réserve à cette femme admirable.

Antoine et Cléopâtre retournent à Alexandrie. En 34 av. J.-C., l'invasion de l'Arménie, la capture du traître Artavasde et de sa famille suivie du pillage de son palais adoucissent un peu l'amère défaite contre les Parthes. À l'automne, Cléopâtre, pour accueillir son époux, organise un triomphe. Un défilé majestueux s'ajoute aux festivités habituelles. Antoine, vêtu en Dionysos, guide son char jusqu'au trône en or de Cléopâtre, incarnation d'Isis. Alexandrie se réjouit du spectacle, tandis qu'à Rome, on juge inadmissible qu'un général romain célèbre un triomphe dans une autre ville que Rome.

Cet affront ne fait qu'annoncer un outrage plus grave encore. Quelques jours après le triomphe se déroule une cérémonie qui a pour cadre le gymnase, l'immense stade d'Alexandrie. Sur une estrade en argent, à deux étages, s'élèvent six trônes d'or. Au sommet siègent Antoine et Cléopâtre, dominant leurs enfants : Césarion, âgé de treize ans, les jumeaux qui ont six ans et Ptolémée Philadelphe qui en a deux. Antoine distribue aux enfants, affublés de costumes orientaux, les territoires cédés à Cléopâtre ainsi que Chypre, l'Arménie récemment soumise et l'Empire parthe encore à conquérir. Cléopâtre est leur régente. Il proclame aussi les titres. Cléopâtre est la reine des rois et Césarion le roi des rois. Enfin, et surtout, Antoine reconnaît Césarion comme le fils légitime de César. Ce qui constitue une offense directe à Octave en laissant supposer que Césarion est l'héritier de César et Octave un usurpateur.

Les donations d'Alexandrie alimentent généreusement la propagande d'Octave. Antoine a donné à son exigeante maîtresse orientale et à ses bâtards des pans entiers du territoire romain. Cléopâtre ne cherche-t-elle pas à dominer également Rome ? Peut-on douter que les sortilèges qui ont jadis aveuglé César n'apportent la ruine à Antoine ? Celui-ci n'est-il pas désormais plus Égyptien que Romain ?

Antoine, absent de Rome depuis longtemps, conserve des partisans au Sénat, mais leur nombre s'amenuise et les attaques des fidèles d'Octave se font de plus en plus acerbes. Une fois encore, Rome est au bord de la guerre civile.

En 33 av. J.-C. Antoine et Cléopâtre se rendent à Éphèse pour préparer le conflit imminent. L'armée d'Antoine est impressionnante : soixante-quinze mille légionnaires, vingt-cinq mille soldats auxiliaires et douze mille cavaliers. Sa flotte se compose de cinq cents bâtiments de guerre, dont deux cents sont égyptiens, et de trois cents navires marchands. Cléopâtre possède son propre navire amiral et une escorte personnelle de soixante autres vaisseaux. Cet extraordinaire déploiement de force accroît le nombre de partisans d'Antoine à Rome. Certains pensent qu'il peut triompher d'Octave. Quatre cents sénateurs le rejoignent à Éphèse. Mais à l'été 32 av. J.-C., Antoine commet une autre faute stratégique. Pour consommer sa rupture avec Octave, il répudie Octavie. Cléopâtre est sans doute satisfaite, mais non les sénateurs favorables à Antoine. Beaucoup quittent Éphèse et se rallient à Octave.

Malheureusement deux de ces sénateurs ont servi de témoins lors de la rédaction du testament d'Antoine. Lorsqu'ils révèlent son contenu à Octave, ce dernier commet le sacrilège de l'arracher de force aux Vestales, qui sont les gardiennes de ce genre de documents. Octave donne lecture de son contenu, ou de ce qu'il dit être son contenu au Sénat : au cas où il viendrait à mourir à Rome, Antoine demande que son corps soit ramené en Égypte et enterré aux côtés de Cléopâtre. Cette clause soulève l'indignation.

Cette statue de Michel-Ange, *L'Ivresse de Bacchus*, met en évidence la différence entre le dieu romain et Dionysos, son équivalent grec. Bacchus n'est qu'un dieu du vin et de l'ivresse alors que Dionysos a une dimension mystique et promet la résurrection et l'immortalité.

Peu après la lecture du testament, alors que la ville est encore sous le choc, Octave, vêtu du costume de l'ancienne Rome, parcourt le Champ de Mars. Du temple de la déesse Bellona, il lance un javelot maculé de sang. Ce geste est l'ancienne déclaration de guerre de la nation contre un pays étranger. Rome ne combat pas Antoine, mais la reine égyptienne qui l'a ensorcelé.

Alors qu'il rassemble ses alliés de Sicile et de Sardaigne, d'Afrique et de Gaule, Octave se présente comme le sauveur de la paix et le protecteur de la République face aux monarques orientaux. Il sait pourtant que la République appartient au passé. Reste seulement à savoir quelle monarchie l'emportera : la sienne ou celle d'Antoine et de Cléopâtre.

De leur côté, Antoine et Cléopâtre achèvent leurs préparatifs à Éphèse. Ceux-ci se déroulent sans incident, mais non sans querelle. Plusieurs conseillers d'Antoine veulent que la reine retourne en Égypte sous le prétexte que la guerre n'est pas une affaire de femme. Mais la reine n'a pas l'intention de partir. Elle finance cette entreprise et surveille son investissement. Comme d'habitude, elle fait à son idée.

D'Éphèse, Cléopâtre et Antoine gagnent l'île de Samos et Athènes où ils organisent de nombreuses cérémonies et fêtes. Ce n'est pas de l'inconscience ; le couple pense réellement que la guerre leur livrera le monde romain. Les fêtes, qui ont plutôt un caractère religieux, aidaient jadis les souverains grecs à se préparer à la guerre.

À l'automne 32 av. J.-C., Antoine et Cléopâtre établissent leurs quartiers d'hiver à Patras sur le golfe de Corinthe. Cette ville est l'un des maillons d'une ligne de défense formée de places fortes situées sur la côte et les îles, qui s'étend de Corcyre (Corfou), près de la côte ionienne de la Grèce, presque jusqu'à l'Afrique du Nord. Cette chaîne fortifiée doit faciliter l'approvisionnement à partir de l'Égypte et barrer la route aux navires d'Octave. La majeure partie de l'armée d'Antoine prend la direction d'Actium, autre point de la ligne de défense, au nord-ouest. La ville d'Actium s'élève sur la rive sud d'un mince détroit qui constitue l'embouchure du vaste golfe d'Ambracie, port idéal pour abriter l'immense flotte égyptienne.

Antoine, sûr de lui, attend l'arrivée d'Octave à Patras. Son armée et sa flotte comptent plus d'hommes et sont mieux entraînées et mieux équipées que celles d'Octave. Si les envahisseurs venus de l'ouest franchissent la chaîne de forteresses, Antoine les écrasera sans difficulté à Actium, soit par terre, soit par mer.

Mais dans ses calculs, le général ne tient pas compte d'Agrippa. L'amiral monte une opération rapide et audacieuse qui lui livre la

MACÉDOINE
Mont Olympe
ONCHESMOS
BUTHROTUM
Corcyre
(Corfou)
DODONE
MÉTROPOLIS
ÉPIRE
Îles Ioniennes
ACTIUM
Leucade
STRATOS
AMFISSA
ŒNIADE
NAUPACTE
DELPHES
KRISSA
Céphalonie
Mer Ionienne
ACHAÏE
ÉLEUSIS
MARATHON
PATRAS
Golfe de Corinthe
LE PIRÉE
CORINTHE
ATHÈNES
Zante
Égine
Mont Laurion
Andros
Tinos
OLYMPIE
ARGOS
Péloponnèse
(Grèce)
MÉGALOPOLIS
MESSÈNE
CYCLADES
Naxo
Paros
Siphnos
SPARTE
MÉTHONE
LAS
ASOPOS
Milo
Théra
Mer Égée
N
LÉGENDE
NOM ANTIQUE
(NOM MODERNE)
0
120 km
Golfe de Gomaros
Camp d'Octave
Golfe d'Ambracie
Mer Ionienne
Nicopolis
Blocus maritime d'Octave
Fort Pantokrator
Cap d'Actium
Fort
Mouillage d'Antoine
Camp d'Antoine
Flotte de Cléopâtre
BATAILLE D'ACTIUM

forteresse de Méthone, à la pointe sud-ouest de la Grèce. Il brise ainsi la ligne de défense d'Antoine et désorganise sa route d'approvisionnement. Agrippa enlève d'autres forteresses et oblige Antoine à envoyer des navires pour les défendre, permettant à Octave de débarquer son armée au nord d'Actium. Lorsque Cléopâtre et Antoine viennent installer leur quartier général dans la cité, l'armée d'Octave campe déjà à un kilomètre de là, sur la rive nord de l'entrée du golfe d'Ambracie. Avec quelques navires, Agrippa bloque l'étroit accès au golfe, enfermant la flotte d'Antoine à l'intérieur.

Le port idéal est devenu un piège mortel.

Antoine tente de prendre l'initiative du combat en traversant le détroit, mais Octave refuse de se battre. Il n'est pas pressé. La route d'approvisionnement, qui le relie à Rome, est intacte, contrairement à celle d'Antoine avec l'Égypte. Le temps joue en sa faveur.

Avec la chaleur de l'été grec qui apporte son lot de maladies, la situation ne fait qu'empirer dans le camp d'Antoine au fil des semaines. La nourriture devient rare, des centaines d'hommes contractent la malaria ou la dysenterie. Le moral faiblit, les défections commencent. Elles ne font que s'amplifier lorsque des princes alliés et mêmes certains des plus fidèles généraux d'Antoine passent dans le camp d'Octave. À la fin du mois d'août, Antoine tient un conseil de guerre. Il doit rompre le piège. Mais doit-il le faire par terre ou par mer ?

Son principal général, Canidius Crassus, veut qu'Antoine marche vers le nord et essaie d'attirer Octave dans une grande bataille terrestre en Macédoine ou en Thrace. Il est vrai qu'Antoine est un commandant de forces terrestres et qu'il n'a pas d'amiral qui puisse rivaliser avec Agrippa. Mais cela signifie que Cléopâtre devra soit le suivre et abandonner sa flotte ou rester en arrière et tenter de sortir avec son escadre et ses navires.

L'option terrestre, qui l'oblige à se séparer d'Antoine, est inacceptable pour la reine. Elle réagit sans doute par amour, mais aussi parce qu'elle craint qu'il ne puisse remporter la bataille. Le désastre parthe lui a appris, si elle ne le savait pas déjà, qu'Antoine n'est pas César. S'il est vaincu, elle perdra tout ce qu'elle a obtenu pour l'Égypte. S'ils parviennent à s'enfuir par la mer, il leur restera au moins une chance de se regrouper et de combattre à un moment plus favorable.

Elle impose son avis. Actium sera une bataille navale. Mais Cléopâtre comme Antoine savent qu'au mieux ils s'échapperont, mais qu'ils ne vaincront pas.

À cause des maladies et des désertions, Antoine manque de rameurs pour la flotte. Il brûle les bateaux qu'il est contraint d'abandonner. Après l'incendie, la flotte compte deux cent trente navires au lieu de huit cents. Le 2 septembre 31 av. J.-C., les bâtiments se dirigent sur une seule file vers l'embouchure du golfe d'Ambracie. Les navires d'Antoine naviguent en tête, suivis par l'escadre de Cléopâtre. La reine est à bord de son navire amiral, l'*Antonias*, qui transporte également le trésor des Ptolémée, consistant en or, argent et bijoux. Toutes les embarcations ont hissé les voiles, ce qui indique clairement que leur intention est de fuir. Normalement, les navires de guerre dépendent de leurs rameurs, car le poids et la masse des voiles rendent les manœuvres plus difficiles.

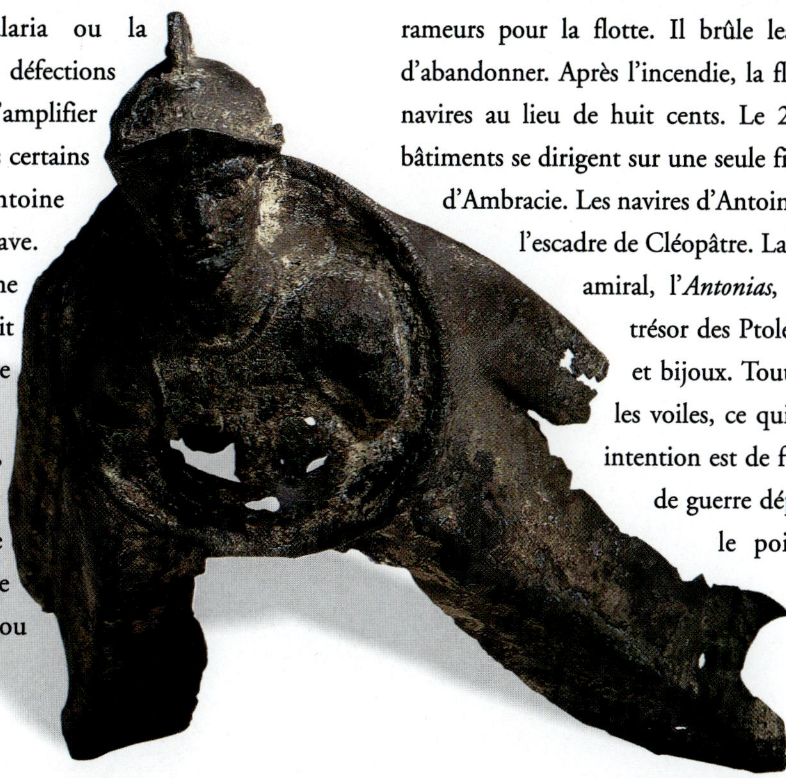

Ce rostre, ornement de proue en bronze, provenant d'un navire coulé à Actium n'était pas uniquement décoratif : il servait à éperonner les navires ennemis.

Double page suivante : *La Bataille d'Actium* peinte par Lorenzo Castro (XVIIe siècle).

Les quatre cents navires d'Octave, commandés par lui-même et Agrippa, ont pris position dans la mer Ionienne. Finalement, la bataille a lieu.

Alors que les navires d'Antoine sont aux prises avec ceux d'Octave, l'escadre de Cléopâtre évite le combat et gagne le large. Elle se dépêche de rentrer en Égypte. Pour la suivre, Antoine abandonne son navire amiral, assailli, et monte à bord d'un navire qui a convenu d'un rendez-vous avec Cléopâtre. Derrière lui, la confrontation des deux flottes, qui se prolonge pendant des heures, s'achève par la victoire d'Octave et d'Agrippa. Trente ou quarante navires sont coulés, les autres se rendent.

Octave transforme instantanément Actium en légende. D'après sa version des faits, la reine, lâche, croyant la bataille perdue, fuit pour sauver sa vie. Antoine, aveuglément amoureux, trahit tout ce qu'il y a de plus sacré pour un général romain en abandonnant ses hommes en pleine bataille pour rejoindre Cléopâtre.

Ce récit, fort romantique, est inexact. En fait, le plan d'origine de Cléopâtre et d'Antoine est de fuir et de sauver ce qui peut l'être de la flotte. Après qu'Antoine a réussi à sortir, ses navires sont censés de se dégager et le suivre. Mais, la flotte adverse, supérieure numériquement, leur barre la route.

La propagande octavienne présente Actium comme un combat de titans remporté un Occident vertueux sur un Orient corrompu. En fait, le sort d'Antoine et Cléopâtre est scellé depuis la chute de Méthone. Actium est le dernier épisode d'un blocus réussi.

Cléopâtre l'a compris contrairement à Antoine qui est sévèrement déprimé. Il sait qu'il s'est déshonoré en laissant ses hommes mourir seuls. Aucune bonne nouvelle ne vient lui remonter le moral à l'approche de l'Afrique. Des messagers l'informent qu'en Grèce son armée terrestre s'est rendue et que la Cyrénaïque a également fait défection. Antoine quitte la flotte à Paraitonion (Marsa Matrouh), ville désolée et brûlée par le soleil, à la frontière occidentale de l'Égypte, pour y panser, seul, ses blessures.

Cléopâtre navigue jusqu'à Alexandrie où elle redoute un soulèvement. Si la nouvelle de la défaite est déjà parvenue en Égypte, les Alexandrins sont peut-être déjà très agités. Elle pare son navire amiral de guirlandes pour feindre un retour triomphal. Elle rassemble ensuite ses richesses et consolide ses alliances avec les contrées du Levant dans le but de reconstituer la flotte et l'armée. Il n'est pas dans sa nature d'accepter la défaite. Elle n'abandonne jamais.

Antoine n'a pas la même capacité de réaction. Lorsqu'il revient à Alexandrie, il ne s'installe pas au palais, mais se fait bâtir une modeste demeure sur une jetée, qu'il baptise le Timonium, d'après le célèbre misanthrope Timon d'Athènes. Il finit par revenir auprès de Cléopâtre qui l'accueille avec une nouvelle série de banquets et de fêtes. Le cercle de la Vie inimitable se reforme sous le nom de Ceux qui vont mourir ensemble.

Cléopâtre cherche toutefois à retarder ce moment. Si le rêve de régner sur Rome et l'Égypte s'est évanoui, elle tentera de conserver l'Égypte ou de trouver un royaume ailleurs à l'aide de sa fortune. Elle songe à l'Inde, hors d'atteinte de Rome.

Dans cette perspective, elle déplace sa flotte par voie de terre de la Méditerranée à la mer Rouge et fait construire d'autres navires sur

Ci-dessous : Les portraits de César Auguste – anciennement Octave – et d'Agrippa, son général, décorent cette pièce de bronze frappée entre 10 av. J.-C. et 10 ap. J.-C. Agrippa, ami d'enfance de César, est le génie militaire qui soutient l'ascension du jeune triumvir au pouvoir. Agrippa épousera Julie, la fille unique d'Octave, qui lui donnera cinq enfants.
À droite : Louis Gauffier a imaginé au XVIIIe siècle la rencontre d'Octave et de Cléopâtre. La reine aurait, dit-on, tenté de le séduire afin de préserver son royaume pour ses enfants.

ses rives. Lorsqu'Octave arrivera, elle chargera le trésor lagide sur les bateaux et s'enfuira vers l'est avec ses enfants. Mais ce plan sera contrecarré.

Cléopâtre, qui a rêvé de dominer un empire plus puissant que celui d'Alexandre, n'a plus que deux ambitions : sauvegarder le trône d'Égypte pour Césarion et mourir en reine.

En 30 av. J.-C., Cléopâtre et Antoine fêtent la majorité de Césarion. Le garçon, âgé de seize ans, est reconnu comme un homme et comme roi d'Égypte, quel que soit le sort de sa mère. Pendant les cérémonies, le fils aîné d'Antoine, Antyllus, qui a quatorze ans célèbre le rite romain de passage à l'âge adulte. Il avait rejoint son père en Grèce avant Actium. Ces réjouissances font partie des ultimes préparatifs de Cléopâtre avant l'arrivée d'Octave.

Plutôt que de poursuivre les amants après Actium, Octave est rentré en Italie pour calmer l'agitation des vétérans qui réclament les terres et l'argent de leur retraite. Octave multiplie les promesses rassurantes. Il sait qu'il les tiendra grâce à l'argent de l'Égypte.

À l'été 30 av. J.-C., il fait voile vers la Phénicie où trois ambassadeurs de l'Égypte viennent à sa rencontre. Deux apportent les insignes royaux de Cléopâtre, une large gratification et un message de la reine. Celle-ci est prête à abdiquer si Octave laisse ses enfants régner sur l'Égypte. Le vainqueur garde les attributs royaux et l'argent, mais il ne fait aucune promesse. Le troisième ambassadeur, Antyllus, apporte encore de l'argent et la demande d'Antoine d'être autorisé à finir sa vie comme simple citoyen. Octave ne daigne pas répondre.

L'armée romaine s'approche rapidement d'Alexandrie. Elle enlève Péluse, à la frontière orientale. Antoine ne reçoit aucune aide de son ancien allié de Judée. Hérode s'est rallié à Octave. Par l'ouest, les Romains sont arrivés à Canope, dans la banlieue d'Alexandrie. Cléopâtre dit adieu à son cher Césarion qu'elle envoie en Inde avec son tuteur.

À Alexandrie, près du temple d'Isis, Cléopâtre a presque achevé de construire son mausolée à l'intérieur du palais des Ptolémée. Elle fait transporter dans cet édifice toutes ses richesses, or, argent, bijoux, épices rares. Elle y fait aussi préparer du bois et des torches pour y mettre le feu. Elle se servira de ses richesses pour négocier avec Octave. Si elle échoue, elle les brûlera.

Les messagers font maintenant des allées et venues entre Octave, aux portes de la cité, et Cléopâtre. Octave, connaissant la menace qui pèse sur le trésor, manœuvre avec prudence. Il promet à Cléopâtre de la traiter avec clémence si elle se débarrasse d'Antoine. La proposition a dû faire rire la reine. Après Actium, Hérode avait suggéré à Antoine de tuer Cléopâtre pour se réconcilier avec Octave. Comme Antoine, Cléopâtre rejette cette idée. Elle a aimé passionnément son amant pendant

À gauche, ce bloc du temple d'Hermonthis, reposant à l'envers, est le dernier fragment qui porte encore le cartouche de Cléopâtre. Un faucon couronné du disque solaire tient dans ses serres l'anneau-*shen*, symbole d'éternité. La tige du sceptre-*ouas*, emblème de pouvoir, passe au-dessus de l'anneau.
Ci-dessous : Cette mosaïque provenant de l'église Saint-Jean à Jerash en Jordanie, représente Alexandrie. La croix indique qu'il s'agit de la ville d'époque chrétienne.

des années, non avec la ferveur qu'elle a vouée César, mais avec l'amour que lui a inspiré cet homme, admirable en dépit de ses défauts. Elle ne le trahira pas. Pour sa part, depuis leurs retrouvailles à Antioche, il n'a cessé de lui prouver qu'elle est le grand amour de sa vie.

Il le démontre une fois encore en promettant à Octave de se tuer si ce dernier épargne Cléopâtre. Il n'y a pas de réponse.

Pour leur dernière nuit, les amants dînent somptueusement avant de se retirer. Ils savent que le lendemain décidera définitivement de leur sort. Les rues d'Alexandrie sont calmes. Seule une étrange musique déchire le silence. Selon une croyance orientale, les dieux désertent les villes avant leur chute. Le son amorti des flûtes et des cymbales trouble la paix d'Alexandrie, comme si un joyeux cortège, invisible, quittait la cité. Pour certains, il s'agit de Dionysos qui abandonne Antoine.

À l'aube du 1er août 30 av. J.-C., Antoine prend la tête du reste de son armée tandis que les vestiges de la flotte égyptienne se portent à la rencontre des navires romains. Peut-être Cléopâtre est-elle penchée à sa fenêtre comme jadis lors de la guerre d'Alexandrie. Dans ce cas, elle a vu les Égyptiens lever leurs rames pour saluer Octave avant de se rendre. La cavalerie d'Antoine déserte également. Il ne reste que l'infanterie, rapidement vaincue. Cléopâtre s'enferme dans son mausolée avec l'un de ses eunuques et ses deux fidèles servantes, Charmion et Iras.

De retour au palais, Antoine apprend des servantes de Cléopâtre que la reine s'est donné la mort. Elle a sans doute laissé ce message afin que son amant en fasse autant – Antoine tend son épée à Éros, son esclave, mais celui-ci préfère se donner la mort plutôt que de tuer son maître. Antoine s'enfonce alors son glaive dans le ventre, se blessant mortellement.

Cléopâtre, le croyant mort, demande à Diomède, son secrétaire, de lui ramener le corps. Antoine apprend de la bouche de ce dernier que la reine est vivante. On le conduit à son mausolée. La porte étant condamnée, les trois femmes le hissent à l'aide de cordes jusqu'à une ouverture percée dans l'édifice inachevé.

Il expire dans les bras de Cléopâtre. Ses derniers mots montrent que le charme de l'Orient n'a pas altéré sa vraie nature. Elle ne doit pas le pleurer. Il est un Romain, vaincu par un Romain.

À peine informé de la mort d'Antoine, Octave envoie en toute hâte Proculéius, l'un de ses hommes, au mausolée. Il redoute que la reine ne se suicide et ne brûle son trésor. Tient-il vraiment à capturer Cléopâtre pour la faire figurer dans son triomphe à Rome et répéter l'erreur de César en présentant à la foule une femme enchaînée ? Ce n'est pas certain.

Proculéius s'efforce de convaincre la reine de sortir de son tombeau. Elle ne le fera, rétorque-t-elle, que si Octave lui donne l'assurance que ses enfants régneront sur l'Égypte.

Le négociateur la conjure de faire confiance à Octave. Pendant les pourparlers, Proculéius repère l'ouverture par laquelle est entré le corps d'Antoine. Appelant deux hommes pour continuer de parlementer avec la reine et ses servantes, il entreprend d'escalader le monument et pénètre à l'intérieur. L'apercevant, Cléopâtre saisit un poignard et tente de se tuer, mais Proculéius s'empare de l'arme et capture la reine.

Emprisonnée dans son propre palais, elle livre sa dernière lutte avec Octave. Il se bat pour qu'elle vive, elle lutte pour mourir.

Elle obtient la permission de célébrer les funérailles d'Antoine. Pendant la cérémonie, elle le pleure à la mode égyptienne, en arrachant ses cheveux, en déchirant ses vêtements et en se frappant la poitrine. Elle refuse ensuite de s'alimenter, espérant mourir de faim. Octave annonce qu'il tuera ses trois enfants, encore en Égypte, si elle persiste. Elle s'alimente à nouveau.

Cléopâtre sait maintenant que son seul espoir de mourir est de persuader Octave qu'elle veut vivre.

Aussi, quand il lui rend visite, il la trouve en assez bonne santé. Elle lui remet la liste de tous ses trésors, mais une servante murmure qu'elle a omis de précieux bijoux. Cléopâtre la bat et jure en larmes qu'elle a simplement mis de côté des cadeaux pour se faire apprécier des femmes de la famille d'Octave. La scène est convaincante. Octave croit qu'elle vivra.

La fin tragique de Marc Antoine est à la hauteur de la vie extraordinaire qu'il a menée avec Cléopâtre. Plutarque raconte comment le général mourant, couvert de sang, a été transporté dans le mausolée où la reine l'a couché sur un lit. Ôtant ses vêtements, elle l'en a recouvert, martelant sa poitrine de ses poings, elle a griffé son propre visage, le maculant du sang coulant des blessures de son amant. L'appelant son maître, son époux, son empereur, elle semblait avoir oublié ses souffrances tant elle était touchée par les siennes.

Ci-dessus : Détail du *Banquet de Cléopâtre et Marc Antoine* de Francesco Trevisani.

Le 12 août, trois jours avant son départ pour Rome avec Octave, elle demande à se recueillir sur la tombe d'Antoine, faveur qui lui est accordée. Elle dépose des fleurs sur le sarcophage qu'elle embrasse. Puis elle retourne au palais, se baigne et se met à table. Charmion et Iras la servent. Pendant le repas, une paysanne apporte un panier rempli de figues. La reine s'est débrouillée pour se faire apporter ce cadeau. Les gardes qui inspectent la corbeille s'extasient sur les fruits appétissants ne voyant pas ce qu'ils cachent.

Une fois les gardes partis, Cléopâtre ouvre le panier. Les figues s'animent et roulent à terre tandis qu'un cobra redresse sa tête – il porte le venin qui enverra la reine d'Égypte séjourner parmi les dieux immortels.

La dignité et le courage avec lesquels Cléopâtre a affronté la mort lui ont valu même l'admiration de certains de ses ennemis romains. Ainsi le poète Horace qui l'avait qualifié de « reine folle » penchée sur une Rome qui s'effondre a également écrit d'elle : « Avec fermeté elle a tenu les féroces serpents dont son corps a bu le venin : résolue à mourir, elle n'a pas failli. Indocile, dédaigneuse, elle refusait d'être détrônée, emmenée par les bateaux de ses ennemis vers un triomphe déshonorant. »

Pendant ce temps, Octave ouvre une lettre écrite par la reine. Elle formule une seule requête : être enterrée près d'Antoine. Il envoie aussitôt ses soldats vers ses appartements.

Ils découvrent Cléopâtre, dernière reine d'Égypte, reposant sur un lit en or, vêtue de sa tenue d'apparat et ornée de ses bijoux. Le corps d'Iras gît aux pieds de sa maîtresse. Charmion, mourante, arrange le diadème sur le front de la reine.

L'un des gardes, en colère, dit à la servante : « Charmion ! Ah ! C'est du beau travail ! »

Avec effort, elle redresse la tête et fixe le Romain comme l'aurait voulu Cléopâtre.

« Du beau travail comme l'exige une princesse, fille de tant de rois », répond-elle avant d'expirer.

Chapitre VI

LA REDÉCOUVERTE

Cléopâtre est fort heureusement morte avant d'avoir reçu la nouvelle qui aurait assombri ses derniers instants : Césarion est mort. Son tuteur l'a livré à Octave qui a aussitôt éliminé ce rival potentiel. Il a également fait assassiner Antyllus, le fils d'Antoine.

C'est la veuve de Marc Antoine, Octavie, ennemie de Cléopâtre mais faisant preuve de la bonté coutumière des Romains, qui élève les autres enfants de la reine, les jumeaux et Ptolémée. Aucun d'entre eux ne régnera sur l'Égypte. La dynastie des Ptolémée s'est achevée avec la mort de sa plus grande souveraine.

La lignée d'Antoine laissera dans l'histoire un terrible souvenir. Par les deux filles qu'il a eues avec Octavie, il deviendra l'ancêtre de Néron et Caligula, deux des empereurs les plus monstrueux de Rome.

Peu après la disparition de Cléopâtre, Octave annexe l'Égypte et prend le titre de César Auguste. Le long règne du premier et du plus grand des empereurs romains ne prend fin qu'avec sa mort, à l'âge de soixante-dix-sept ans. Bien qu'il détienne le pouvoir absolu, il ne cesse de proclamer qu'il a sauvé la République et met un terme aux incessantes guerres civiles ramenant la stabilité et la prospérité. Aménageant des routes – qui existent encore aujourd'hui – pour relier les pays les plus éloignés de l'empire, il entreprend un programme de constructions qui transforme Rome en une cité éblouissante.

Octave a également réformé très efficacement le gouvernement et

Un plongeur contemple une effigie d'Octave, le vainqueur de Cléopâtre, qui émerge de l'eau après un long séjour dans le port d'Alexandrie. L'équipe de Franck Goddio a remonté provisoirement certaines œuvres exceptionnelles afin les étudier, puis elle les a replacées au fond de la mer en attendant que l'on décide de leur sort.

l'administration. En tant que protecteur de poètes et écrivains comme Virgile, Horace, Ovide et Tite-Live, il a présidé à un épanouissement sans précédent de la culture romaine. En résumé, Octave est exactement l'homme qu'il fallait alors à Rome.

L'histoire passe rapidement sur la mort de Cléopâtre. Une ère se termine, une autre s'ouvre. Mais quel est le sort d'Alexandrie, capitale des Ptolémée ?

Double page précédente : le port d'Alexandrie ne conserve aujourd'hui aucune trace visible du littoral qui le cernait jadis. La côte actuelle, en demi-cercle, est protégée de la mer à l'est et à l'ouest par de longues digues modernes. Ci-dessous : Fragments de verre d'époque romaine découverts dans le port royal de l'île d'Antirhodos.

Le temps vieillit les villes comme les hommes. Mais à la différence des êtres de chair et de sang, les grandes métropoles se renforcent parfois en mûrissant. Le décès de Cléopâtre et la domination romaine n'affaiblissent pas Alexandrie. Au contraire, son rattachement à l'Empire romain, le plus grand royaume de libre-échange du monde antique, stimule le commerce et accroît la population.

Mais cet enrichissement n'est pas sans contrepartie. Sous le règne des Ptolémée, Alexandrie est le siège du pouvoir, aussi despotique qu'il ait pu être. Le destin de la ville dépend désormais des dirigeants de Rome, située de l'autre côté de la Méditerranée, à trois semaines de voyage.

En général, tant que leurs intérêts sont satisfaits, les autorités romaines ne se mêlent pas des affaires d'Alexandrie, la cité cosmopolite. Une fois les riches terres agricoles arrosées par le Nil transformées en grenier à blé de l'empire, le souci principal des empereurs est que les navires nourrissant le peuple romain arrivent régulièrement. À l'occasion, les événements les obligent à intervenir directement, parfois de manière atroce.

La ville a connu certaines de ses heures les plus sombres sous le règne de Caracalla, qui d'après un texte ancien, y a fait massacrer tous les jeunes hommes. Au IIIe siècle, la ville connaît une autre épreuve lorsque, à la suite de troubles publics, les autorités ferment le musée, foyer culturel international, et font abattre les murailles de la ville qui s'étendaient peut-être au-delà du quartier des palais royaux et entouraient toute la cité. Au cours des années, le sable prend peu à peu possession du site abandonné des anciens palais royaux. Au siècle suivant, cette partie de la ville n'est guère plus qu'un désert alors que les autres quartiers prospèrent et que le port ne désemplit pas.

Au IVe siècle, l'adoption du christianisme comme religion officielle de l'empire apporte de nouveaux changements. On détruit le Sérapeum – temple dédié au dieu Sérapis – considéré comme l'un des plus beaux monuments du monde après le Capitole à Rome, qui contenait les derniers vestiges de la célèbre bibliothèque d'Alexandrie. La cité jouit d'un nouveau statut en tant que siège du patriarcat de l'église copte. Désormais, le rayonnement culturel et le caractère cosmopolite d'Alexandrie ne sont plus qu'un lointain souvenir.

En 395, lorsque l'empire est divisé entre Rome et Byzance – concrétisant le rêve de Cléopâtre d'un empire avec des capitales en Occident et en Orient – Alexandrie échoit à Byzance. Elle survivra donc à l'effondrement de Rome qui bientôt subira l'assaut des Barbares. Au VIIe siècle cependant, après quatorze mois de siège, la cité est prise par les envahisseurs arabes.

L'avenir de la ville, même si elle conserve une minorité chrétienne importante est désormais lié à l'islam. Les conquérants la

La fureur d'un despote

Quelques fragments de dédicaces grecques inscrites sur les panneaux de certaines colonnes de granite rouge découvertes à Antirhodos évoquent le règne de Caracalla, l'un des souverains les plus tyranniques d'Alexandrie. Fils de l'empereur Septime Sévère, il a régné sur l'Égypte entre 198 et 217.

Une source antique décrit un enfant charmant, sensible et gentil. Adulte, il se réfugie dans les activités militaires, voyage à la dure avec ses soldats et saisit la moindre occasion de prouver sa résistance. Peu après avoir accédé au pouvoir aux côtés de son frère Géta, cultivé et équilibré, il le fait assassiner pour régner seul.

D'après les textes antiques, Caracalla adulte est détesté. Dion Cassius dépeint un homme sournois, buté, impulsif, diminué physiquement et mentalement. Pour Hérodien, il est cruel, immature et violent. Les deux historiens romains relatent un horrible massacre qu'il a perpétré à Alexandrie.

Malgré les variantes que présentent les deux récits, ceux-ci s'accordent sur l'aversion qu'éprouve Caracalla envers les Alexandrins, amateurs de plaisir. Cette répugnance se transforme en haine lorsque les satiristes locaux se moquent de sa mine peu avenante, du fait qu'il s'identifie à Alexandre le Grand et à Achille et évoquent le sang qui ternit son accession au pouvoir. En arrivant à Alexandrie avec son armée, il ne manifeste aucune hostilité. Aussi la ville l'accueille-t-elle chaleureusement lorsque soudain, sans prévenir, il ordonne le massacre d'un grand nombre de citoyens.

D'après Dion Cassius, alors que Caracalla visite la ville, il reçoit aimablement les dignitaires qui se portent à sa rencontre en lui présentant des objets sacrés.

Mais ensuite, il les fait tous exécuter, avant d'ordonner une tuerie de plusieurs jours, dont on n'a pas consigné le nombre de morts. Toujours selon Dion Cassius, Caracalla répondit, mécontent, au Sénat romain, que le nombre des victimes n'avait aucune importance, tous les Alexandrins méritant, selon lui, de mourir.

La version d'Hérodien relate que Caracalla assistait à des réunions et des fêtes. Constatant que la foule se massait, il publie un édit obligeant les jeunes Alexandrins à se rassembler sur une place pour y être passés en revue afin de constituer une unité d'infanterie en l'honneur d'Alexandre le Grand. Sous les yeux horrifiés de leurs familles, Caracalla ordonne alors à ses troupes d'abattre les jeunes gens puis de tuer le plus de personnes possible. Le carnage est tel que le cours d'eau qui coule à proximité est rouge de sang.

Un papyrus en mauvais état, découvert à Hermopolis en Moyenne-Égypte, donne peut-être des informations au sujet de cet événement. Le document, qui semble être un rapport concernant une audience présidée par Caracalla, mentionne une révolte probablement provoquée par les riches Alexandrins, au cours de laquelle des statues commandées par Caracalla auraient été endommagées. Le tyran aurait alors fait exécuter les coupables, dont le préfet d'Égypte, et organisé le massacre pour prévenir une autre insurrection.

Quelles qu'aient été les raisons qui ont poussé l'empereur à se venger des Alexandrins, la découverte des inscriptions d'Antirhodos quelque deux millénaires plus tard nous rappellent combien il en coûtait alors de provoquer les foudres du despote.

À gauche : Portrait de l'empereur Caracalla (211-217) provenant du temple d'Isis à Coptos, en Égypte.

traitent avec clémence. Mais elle perd toute influence politique avec la fondation d'une nouvelle capitale près de l'actuelle ville du Caire.

Alors qu'elle est ébranlée par de nouvelles forces politiques et religieuses, Alexandrie est victime d'événements qui modifient considérablement son aspect et que les chroniques historiques passent presque complètement sous silence. Jadis comme aujourd'hui, l'est de la Méditerranée est soumis à une importante activité sismique. Une série de tremblements de terre et de raz-de-marée endommagent la côte, près de la ville, provoquant l'effondrement d'une partie du littoral dans la mer. Le 21 juillet 365, s'est produit un tremblement de terre particulièrement dévastateur. D'autres secousses ont eu lieu au cours des siècles suivants. Les chroniques islamiques mentionnent celle de 1308, près d'un millénaire plus tard, entraînant la disparition du phare.

Située sur une faille, à la jonction de deux plaques continentales formant l'écorce terrestre, Alexandrie est exposée aux catastrophes naturelles. Cette situation explique non seulement les tremblements de terre mais aussi les glissements de terrain. Imperceptiblement, mais inexorablement, la plaque africaine, sur laquelle se dresse Alexandrie, s'enfonce sous la plaque européenne et entraîne l'affaissement de toute la région côtière. Les témoignages actuels montrent que le littoral s'est effondré de 6 mètres au moins depuis la mort de Cléopâtre et que durant la même période le niveau de la mer s'est élevé de 1,50 à 2 mètres environ. En même temps, le bras Canopique du Nil qui alimentait en eau douce le lac Maréotis, situé à l'intérieur des terres au sud d'Alexandrie, s'est progressivement ensablé. Au XIIIe siècle, on ne peut plus y naviguer. À la suite de ces bouleversements géologiques, l'ancien littoral d'Alexandrie est englouti par les eaux du port oriental. Les souverains grecs ayant bâti leurs palais au bord de la mer, c'est tout le quartier des palais des Ptolémée qui a disparu sous l'eau.

À gauche, au premier plan repose une tête en marbre représentant Antonia la Jeune, fille de Marc Antoine. Derrière elle est étendue une statue du dieu grec Hermès. Il s'agit soit d'un Ptolémée incarnant le dieu, soit du dieu lui-même. Ci-dessous : On a identifié Antonia la Jeune en comparant notamment les chevelures d'autres têtes de la même période.

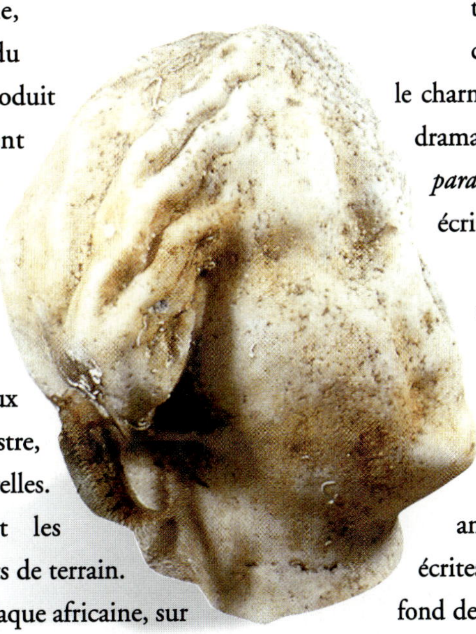

Sous la domination musulmane des Arabes, des Mamelouks puis des Turcs, Alexandrie perd son rôle de carrefour commercial. Au début du XIXe siècle, la cité déchue n'est plus qu'une petite agglomération assoupie qui ne compte que six mille habitants. Si la ville est tombée dans l'oubli, ce n'est pas le cas de sa dernière reine. En Europe, la Renaissance a fait revivre l'héritage grec. Sur tout le continent, des générations d'individus cultivés tombent, comme César et Antoine, sous le charme de Cléopâtre. William Shakespeare, le poète dramatique anglais, s'inspire des passages des *Vies parallèles* de Plutarque retraçant son histoire pour écrire sa tragédie *Antoine et Cléopâtre.*

La curiosité suscitée par Cléopâtre s'étend à sa capitale. Ainsi, alors qu'Alexandrie est en plein déclin, les érudits s'attachent à reconstituer, au moins sur le papier, sa grandeur passée. Mais ils possèdent très peu d'éléments. La ville antique, dont on ne possède aucune carte ancienne, n'est connue que par des descriptions écrites. En outre, beaucoup de monuments gisent au fond de l'eau.

Les savants font de leur mieux. Dès le XVIe siècle, ils s'efforcent de dessiner les contours de la cité en se fondant surtout sur les textes de Strabon qui a visité Alexandrie peu après la mort de Cléopâtre. Bien que le géographe grec ait décrit précisément les monuments et l'organisation générale de la ville, ils ne sont pas d'accord sur la façon de traiter ces divers renseignements.

Le problème ressurgit en 1865 lorsque l'empereur Napoléon III demande aux autorités égyptiennes de lui fournir une carte complète de l'Alexandrie antique pour un livre qu'il prépare sur la

STRABON À ALEXANDRIE

Né en 64 av. J.-C. à l'est de l'actuelle Turquie, Strabon est un voyageur qui a parcouru le monde de l'Arménie à l'Italie et de la mer Noire aux frontières de l'Éthiopie. Il a écrit une histoire de Rome en quarante-sept volumes et une *Géographie* en dix-sept volumes grâce à laquelle il est connu aujourd'hui.

Il a fait des emprunts à de nombreux auteurs pour décrire tous les lieux dont traitent ses œuvres, mais la partie concernant Alexandrie est de première main. D'après les chercheurs, il a visité la ville vers 27 av. J.-C., dans la suite du second préfet romain en charge du gouvernement de l'Égypte après la mort de Cléopâtre. Le passage cité ici, extrait de la *Géographie*, contient les seules informations auxquelles ont eu accès les premiers cartographes qui ont tenté de reconstituer la partie engloutie de la cité.

« Dans le Grand Port, à l'entrée à main droite, se trouvent l'île et la tour de Pharos et à main gauche les récifs et le cap Lochias avec un palais royal. En naviguant dans le port, on arrive, à gauche, aux palais royaux de l'intérieur qui sont dans le prolongement de ceux de Lochias et qui possèdent des bosquets et de nombreux édifices aux couleurs variées. Au-dessous de ceux-ci s'étend le port creusé par la main de l'homme et qui est dissimulé à la vue, la propriété privée des rois, comme l'est aussi Antirhodos, une île qui se trouve au large du port artificiel et abrite à la fois un palais royal et un petit port. Ils l'ont appelé ainsi comme si elle était une rivale de Rhodes. Au-dessus du port artificiel se trouve le théâtre ; puis le Poséidion – un coude qui se détache de l'Emporium, comme on l'appelle, et qui possède un temple de Poséidon. À ce coude de terre Antoine a ajouté un môle qui avance encore plus loin jusqu'au milieu du port et à l'extrémité duquel il a bâti une résidence royale qu'il a baptisée le Timonium. »

Ci-dessous : Le quadrillage de l'ancienne cité d'Alexandrie se fonde notamment sur les essais de restitution dus à l'astronome et ingénieur Mahmoud Bey qui a réalisé en 1866 la carte la plus fiable de ce temps.

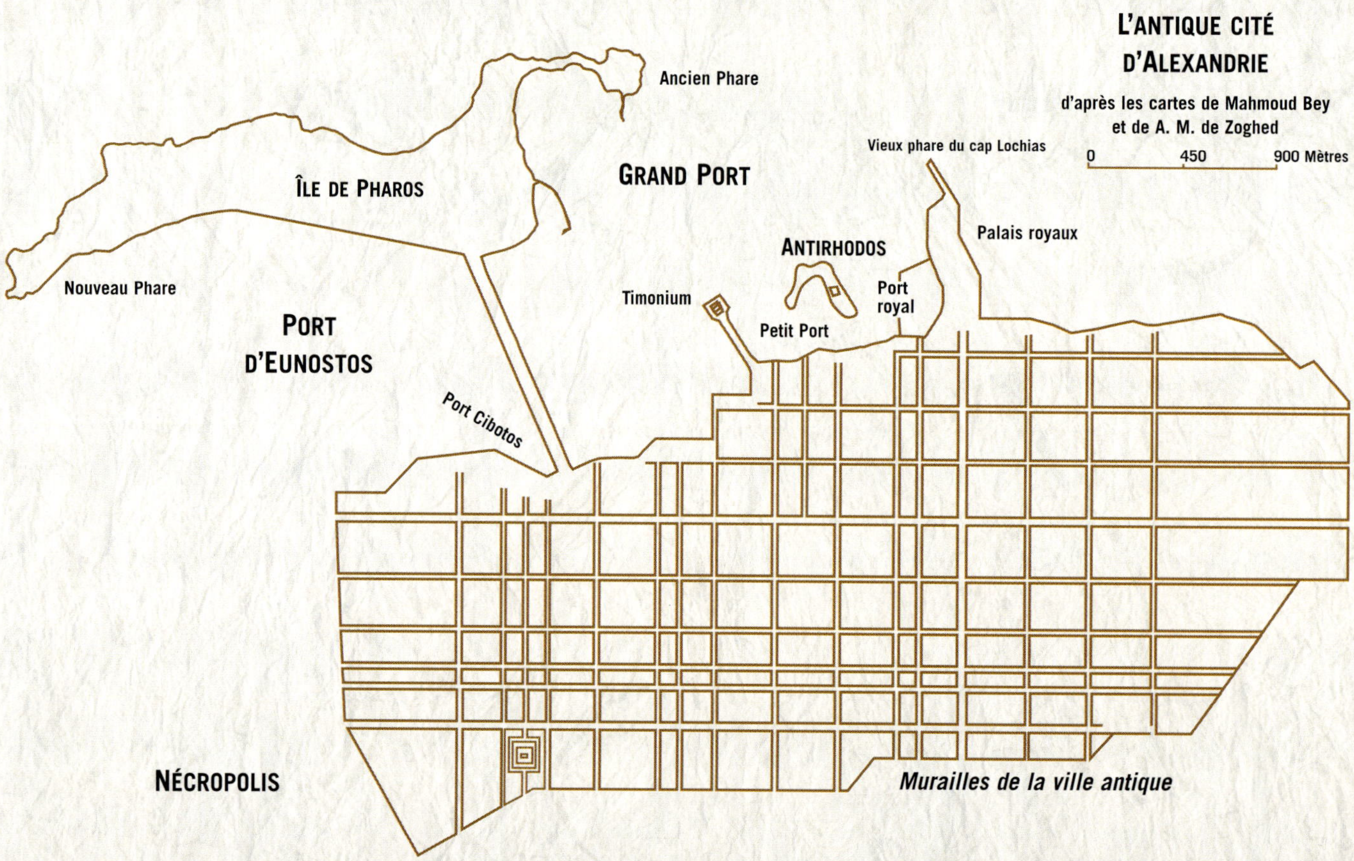

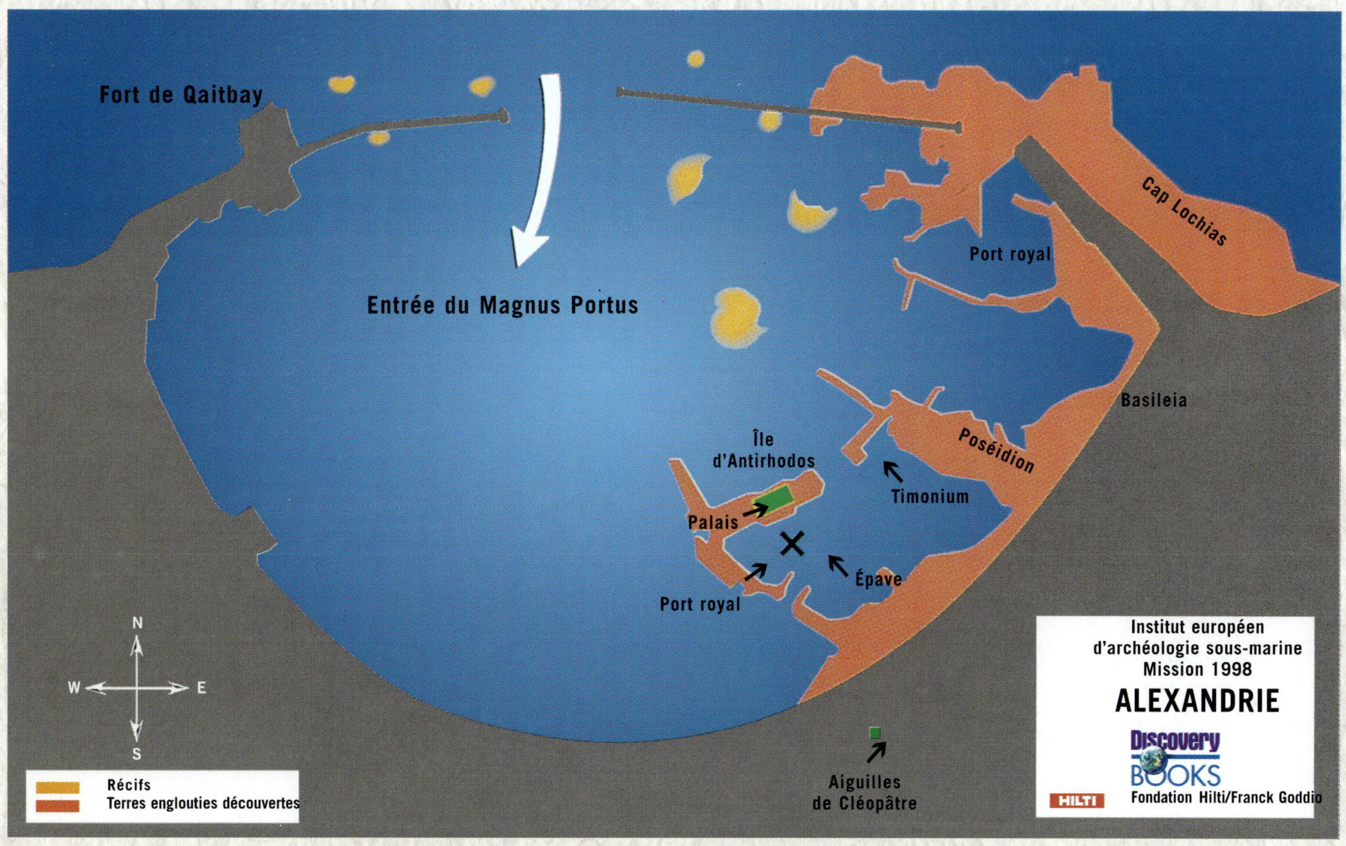

La topographie du Grand Port (Magnus Portus) submergé a été établie à l'aide de la technologie moderne. Parmi les zones cartographiées figurent le cap Lochias (près de l'actuel cap Silsileh) ; la cité ceinte de murailles du côté de la partie orientale du port ; la péninsule appelée le Poséidion par Strabon et le site du Timonium d'Antoine ; l'île d'Antirhodos ; le littoral antique portant les vestiges des palais de l'intérieur ou *basileia* ainsi que les récifs qui, dans l'Antiquité, gênaient les marins qui faisaient entrer leur navire dans le port.

Les cartes antérieures ont mal placé Antirhodos et l'avancée du Timonium. On sait aujourd'hui qu'il faut les inverser. Elles ont aussi beaucoup sous-estimé le cap Lochias.

campagne de Jules César en Afrique. Désireux de satisfaire la demande d'un chef d'État étranger, les autorités égyptiennes confient la tâche de dresser la carte à Mahmoud el-Falaki qui se fait appeler à Mahmoud Bey. L'astronome et ingénieur se consacre consciencieusement à sa mission et dessine tous les vestiges de la ville hellénistique qui se trouvent sur la terre ferme. Pour la partie immergée, il ne peut qu'émettre des hypothèses. Le travail de Mahmoud Bey, qui sert de fondement aux reconstitutions postérieures, se révèle imparfait.

Le fait est que Mahmoud Bey et ses successeurs ne disposent tout simplement pas des moyens technologiques permettant d'étudier la cité engloutie dont les vestiges ne reposent pourtant qu'à quelques centaines de mètres de la côte. Pour dépasser cette étape, il faudra attendre que l'archéologie sous-marine ait progressé de manière décisive.

À l'époque de Mahmoud Bey, les recherches sous-marines s'effectuent dans des tenues de plongée très encombrantes ou dans des cloches. Un grand pas est franchi avec le développement du scaphandre. Le premier modèle breveté remonte à 1828, mais il faut plus d'un siècle d'améliorations pour parvenir à un appareil libéré des câbles le reliant à la surface : le scaphandre autonome pourvu d'une bouteille à air comprimé inventé par Émile Gagnan et Jacques-Yves Cousteau en 1942. Avec cet équipement, les plongeurs se déplacent à leur guise au fond de la mer.

Les résultats des premières explorations sous-marines menées avec ce matériel sont sensationnels. Dans les années 1960, Kemal Abou el-Saadat, un plongeur égyptien, découvre deux morceaux jointifs d'une statue colossale près du site du phare d'Alexandrie. Longue de plus de 7 mètres, c'est l'effigie d'une reine ptolémaïque figurée en déesse Isis. Par la suite, el-Saadat plonge dans le port intérieur, mais il n'a pas les moyens d'entreprendre un relevé d'ensemble. Enfin, dans les années 1980, un nouvel acteur, plein de ressources, apparaît sur la scène.

Cette coupe, probablement égéenne, du Ier siècle av. J.-C., est une variation tardive d'une forme hellénistique très répandue. Elle provient du petit port privé d'Antirhodos.

Franck Goddio commence à dévoiler les secrets de la ville engloutie.

L'esprit d'aventure coule dans les veines de ce petit-fils d'Éric de Bisschop, l'inventeur du premier catamaran moderne. Il commence sa carrière comme conseiller financier du gouvernement au Vietnam, au Cambodge et au Laos à l'époque de la guerre du Vietnam. Il prend part ensuite à la création du fonds saoudien de Développement, un organisme gouvernemental qui accorde des prêts aux pays en voie de développement, puis il est responsable des activités du fonds en Afrique. Ce n'est que vers trente-cinq ans que Franck Goddio décide de se consacrer à l'archéologie sous-marine.

Il éprouve ses premières émotions en 1984 lorsqu'il rejoint l'équipe de Jacques Dumas, un célèbre plongeur français, qui explore l'épave de *L'Orient*, le navire amiral de la flotte de Napoléon Bonaparte, coulé en 1798 lors de la bataille d'Aboukir. Jacques Dumas lui parle de l'effondrement du littoral d'Alexandrie et des trésors archéologiques sans doute cachés au fond de l'eau. Franck Goddio nourrit alors d'autres projets, mais cette histoire l'intrigue. Au cours des six années suivantes, il lit tous les ouvrages concernant la ville et son destin.

Comme les chercheurs qui l'ont précédé, il se fonde sur la description de Strabon qu'il connaît bientôt par cœur.

Quelques-uns des membres de l'expédition réunis autour d'une statue de prêtre, l'une des plus belles découvertes de la mission. Au premier rang de gauche à droite : Roland Savoye, Jean-Claude Roubaud, Franck Goddio ; au deuxième rang : Mohamed Abd El Hamid, la statue, Ibrahim Darwish (codirecteur du projet avec Franck Goddio), Emily Teeter ; troisième rang : Fernando Pereira, Bernard Camier, Moustapha el-Dissouki, Eric Smith, Alaa el-Din Mahrous, Stéphane Brousse, un officier de marine égyptien, Patrice Sandrin, Georges Brocot.

Double page suivante :
Les plongeurs manipulent avec précaution le fragment d'une amphore à vin égyptienne, fabriquée entre le Ier et le IIIe siècle ap. J.-C., sans doute dans la région du lac Maréotis, au sud d'Alexandrie.

SPIRO

Le géographe grec évoque un promontoire, le cap Lochias qui porte un palais royal prolongé par d'autres palais sur la côte. En face se trouve un port « creusé par la main de l'homme et dissimulé à la vue » qui est la propriété privée des rois.

Il y a aussi une petite île, Antirhodos qui « abrite à la fois un palais royal et un petit port ». Un coude de terre qui avance dans le port complète le quartier royal. Cette saillie est appelée le Poséidion, car un temple dédié à Poséidon, le dieu grec de la mer populaire à Alexandrie, s'y élevait jadis. C'est là aussi, d'après Strabon, que Marc Antoine a fait bâtir un palais lorsqu'il est revenu dans la ville après la cuisante défaite d'Actium. Antoine s'est brièvement retiré du monde dans le Timonium, situé à l'extrémité d'une digue.

À bord de l'*Océanex*, Franck Goddio et un collègue regardent les progrès du relevé sur l'écran de l'ordinateur. Les détails de toutes les découvertes – comme l'amphore de la double page précédente – y figurent avec l'indication exacte de l'endroit où ils ont été trouvés. C'est une information essentielle pour déterminer la fonction des édifices immergés.

En 1987, Franck Goddio, complètement reconverti dans l'archéologie sous-marine, fonde l'Institut européen d'archéologie sous-marine (IEASM) et lance un ambitieux programme d'exploration d'épaves. Il rencontre rapidement le succès et attire l'attention des médias du monde entier pour son travail sur le *San Diego*, un galion espagnol disparu au large des Philippines en 1600. Mais il n'oublie pas pour autant Alexandrie. En 1990, une rencontre due au hasard le met sur la piste des secrets de la cité. Alors qu'il visite l'Égypte avec une délégation du ministère français des Relations Extérieures, il est placé à côté de H. E. Farouk Hosni, le ministre égyptien de la culture lors d'un déjeuner officiel. Ce dernier écoute avec enthousiasme Franck Goddio qui lui fait part de son espoir d'explorer un jour le port oriental et l'encourage à demander les autorisations nécessaires. Fort de cet appui, Franck Goddio décide de se lancer dans l'aventure.

La tâche qui l'attend est immense. Avec quelque 325 hectares, le port oriental est presque aussi grand que Central Park à New York. Tracer le relevé du fond du port apparaît comme un projet complexe et de longue durée. En outre, le port est une zone militaire. De nombreux organismes doivent donner leur accord avant que le projet soit accepté.

Une fois les autorisations obtenues, la mission est prête à travailler en 1992. Pour Franck Goddio, la première étape consiste à faire une exploration générale pour repérer les sites les plus intéressants. L'étude de détail viendra ensuite. Pour effectuer les relevés, il embarque deux tonnes de matériel électronique sur le *Kaimoloa*, un navire de recherche construit selon ses exigences. *Kaimoloa*, mot hawaïen signifiant « au-delà des horizons les plus lointains » était le nom du catamaran du grand-père de Franck Goddio.

Pendant trois mois le *Kaimoloa* sillonne les eaux troubles du port, traînant dans son sillage trois objets, peints en jaune vif, en forme de torpille. Ces « poissons » contiennent des magnétomètres à résonance magnétique nucléaire, mis au point par le commissariat à l'énergie atomique (CEA), matériel électronique extrêmement sophistiqué. Ces instruments très sensibles dressent le profil magnétique du fond de la mer et détectent toutes les anomalies magnétiques susceptibles d'indiquer la présence d'objets importants pour l'archéologie.

Les parasites engendrés par la vie moderne, comme les tramways circulant le long de la côte, gênent les magnétomètres et perturbent les enregistrements. Un sonar acoustique, qui transmet à travers l'eau des micropulsations en faisceaux en forme d'éventail, complète les informations. Les pulsations rebondissent sur les obstacles qu'elles rencontrent et reviennent comme des échos traités électroniquement afin d'établir une carte acoustique du fond marin. En même temps, des bathymètres mesurent la profondeur de l'eau afin de réaliser une image en trois dimensions du fond du port. Finalement, le travail s'achève. Tout le port est étudié. Il faut maintenant analyser et intégrer les informations. Les informaticiens tissent les premières images scientifiques de la cité perdue des Ptolémée. Franck Goddio et ses principaux collaborateurs techniques se réunissent ensuite pour étudier les résultats. Bien que les images produites par les ordinateurs soient vagues et imprécises, la visualisation des contours de la ville morte sur un écran a quelque chose de magique.

Les ordinateurs montrent la zone étudiée de haut en bas. La surface est naturellement vierge, mais un peu au-dessous des formes évocatrices se profilent. Vers 5 mètres de profondeur, on voit de vastes structures, peut-être un ancien port. Au-delà, un deuxième port apparaît, à l'abri du cap Lochias, du côté est du port, à l'endroit où Strabon situe le port privé des Ptolémée. Plus bas encore d'autres mystères se dévoilent. D'abord une forme indéfinie qui ressemble à une île – Antirhodos ? – puis une avancée, peut-être le « coude de terre » où s'élevait le temple de Poséidon. Plus profondément, l'écran se brouille. Il s'agit du fond de la mer pour lequel l'ordinateur n'enregistre que confusion.

Les renseignements fournis par les relevés du port sont passionnants. Il est désormais évident qu'il y a des constructions sous l'eau et l'équipe sait où les chercher. Mais la cartographie de l'ancienne ville ne fait que commencer. Le travail le plus difficile qui consiste à préciser les détails reste à faire. C'est au tour maintenant des plongeurs de descendre dans l'eau pour examiner de près les configurations.

La deuxième étape de la recherche exige d'autres autorisations et une aide financière. Grâce à l'accord du conseil suprême des Antiquités égyptiennes et au mécénat de la fondation Hilti, basée au Liechtenstein, Franck Goddio rassemble les hommes et le matériel pour poursuivre l'étude du port. En juin 1996, il réunit un groupe de spécialistes de l'IEASM et des archéologues du département d'Archéologie sous-marine du conseil suprême des Antiquités égyptiennes, dont le directeur Ibrahim Darwish, codirecteur du projet avec Frank Goddio. L'*Océanex*, une vedette longue de trente mètres, sortie récemment des chantiers navals d'Alexandrie, est acquise pour servir de base aux opérations de plongée. Il est assisté par deux autres navires.

La vaste zone sera étudiée de manière détaillée. Les plongeurs exploreront une vaste surface du fond de la mer, en prenant des mesures, en indiquant les contours des structures englouties, en examinant aussi tous les objets

Après un séjour de deux millénaires dans le port d'Alexandrie, cette marmite égyptienne (Ier-IIe siècle ap. J.-C.) est dans un parfait état de conservation. La céramique est assez facile à dater, grâce à la base de données, réunissant des informations sur les objets, développée au fil des années par les scientifiques et consultée par les archéologues pour leurs études comparatives.

Ce gros plan sur le visage du prêtre dont on a découvert la statue à Antirhodos met en évidence la bouche fortement marquée, le long nez et les yeux creusés qui lui donnent une expression grave.

Ci-dessus : Près de la base du promontoire, l'IEASM a exhumé un objet unique : un fragment de statue en forme de serpent lové. On ne connaît aucune autre sculpture de ce genre. Fréquemment associé au serpent, le dieu Agathodæmon est un dieu local populaire qui veille sur la prospérité et le bien-être d'Alexandrie et de ses habitants.

inhabituels et en relevant précisément l'emplacement des découvertes. Franck Goddio commence par étudier une grande masse, semblable à une île, près du centre du port qu'il pense pouvoir identifier à l'Antirhodos de Strabon. Pendant une semaine, les plongeurs concentrent leurs efforts à cet endroit. Ils revêtent des combinaisons de plongée étanches pour se protéger des eaux des égouts qui se déversent dans le port. Ils font deux plongées par jour d'une durée moyenne de cent minutes chacune. Ils ne trouvent rien d'autre que la roche nue. L'affleurement n'est autre qu'un grand récif.

Franck Goddio tourne alors son intérêt ailleurs, envoyant l'équipe dans une zone où les appareils électroniques ont enregistré une autre forme massive. Daniel Visnikar remonte bientôt à la surface, tout excité, pour annoncer la découverte d'amphores (des jarres de stockage d'une forme particulière) près de ce qui ressemble à une digue engloutie. Mieux encore, il a aperçu des traces de dallage. Les études de la masse de terre montrent bientôt qu'elle ne se rattache pas au littoral submergé. D'après le texte de Strabon, il n'existait qu'une île dans le Grand Port d'Alexandrie. Cela signifie qu'on a retrouvé Antirhodos.

Les plongeurs dessinent ensuite les limites d'un promontoire long de 350 mètres jalonné de colonnes de granite rouge brisées. Ils repèrent les vestiges d'un bombardier britannique de la Seconde Guerre Mondiale qui reposent, incongrus, sur le dallage près des fragments de colonnes. Alors que la documentation sur l'île disparue s'accumule, on retrouve petit à petit ses contours. Elle épouse grossièrement la forme d'un T majuscule dont la branche principale est parallèle à la côte, du sud-ouest au nord-est. Au nord, une traverse pointant vers l'entrée du port semble servir de brise-lames. Une troisième branche, orientée du nord-ouest au sud-est, dessine un petit port. Les colonnes, les blocs et le dallage de la branche principale et de celles du sud montrent que se dressaient jadis en ce lieu des monuments.

Ces deux amphores en terre cuite qui gisent au fond du port depuis de longs siècles, sont identifiées par des étiquettes. Les récipients servaient de mesures. Chacun avait une capacité de vingt-cinq litres environ. On y stockait diverses denrées, vin, huile d'olive ou olives.

Alors qu'ils scrutent l'extrémité de l'île, les plongeurs font une découverte inattendue. Ils mettent au jour des structures en bois se composant de pieux et de planches. D'après la datation au carbone 14, le bois date de 400 av. J.-C. environ (avec une marge d'erreur de 40 ans) c'est-à-dire qu'il précède la fondation d'Alexandrie par Alexandre le Grand. Vestiges d'une digue, ils appartiennent sans doute à un village égyptien antérieur à l'époque grecque. Les textes antiques mentionnent dans la région un avant-poste appelé Rhakotis dont on ne sait presque rien. Ces traces d'activité humaine montrent qu'il y a eu à cet endroit une communauté beaucoup plus importante que les chercheurs ne le pensaient jusque-là.

Au final, les quelque 3550 plongées effectuées en 1996 ont révélé les traces d'anciens quais, des fragments de statues et des inscriptions hiéroglyphiques. En novembre, Franck Goddio est suffisamment sûr de lui pour annoncer lors d'une conférence de presse que la cité royale des Ptolémée vient enfin d'être retrouvée.

Un plongeur enlève délicatement les concrétions qui recouvrent une tête colossale en granite supposée être celle de César Auguste et coiffée du némès, la couronne royale. L'absence d'uræus, le cobra dressé au front des pharaons, indique que le portrait est celui d'un Romain qui exerce sa souveraineté sur l'Égypte sans prétendre à la royauté divine.

Véritable symbole de l'Égypte ancienne, le sphinx se profile dans les eaux glauques du port où la pollution limite parfois la visibilité à un mètre de distance. Lors des deux premières années de fouilles, les archéologues ont découvert quatre sphinx, mesurant entre 1,20 m et 1,80 m de longueur. Images de la puissance royale, les sphinx ont les traits du roi régnant. Les têtes de deux des sphinx sont trop abîmées pour être identifiées. Les deux autres, trouvés au même endroit sur la rive ouest d'Antirhodos, représentent l'un des derniers Ptolémée, sans doute Ptolémée XII, le père de Cléopâtre.

Au cours des campagnes suivantes, les recherches s'étendent à toute la partie orientale du port. Au fil des plongées, la connaissance de la ville antique progresse. Tout en complétant la topographie des quartiers submergés, les plongeurs dégagent soigneusement et relèvent de nombreux objets et vestiges architecturaux. Chaque plongeur est équipé d'une boussole au poignet et d'une raclette de fer pour enlever les concrétions, parfois épaisses de 30 centimètres, qui recouvrent la plupart des objets. Au fond de la mer, les plongeurs grattent délicatement cette couche avant de dessiner l'objet sur un papier calque spécial. Pour pouvoir établir une carte précise, ils notent les mesures exactes des quais et des digues antiques. Lorsque les objets sont profondément enterrés dans la boue de la Méditerranée, les plongeurs utilisent des dragues qui font le vide et déplacent les sédiments qui les recouvrent.

Pour identifier les objets en pierre, comme le sphinx ci-dessous dans lequel on croit reconnaître le visage de Ptolémée XII, les chercheurs les comparent à d'autres sculptures antiques publiées et datées.

Double page suivante : Les membres de la mission contemplent, émus, le sphinx qui émerge à la lumière du jour après son long séjour sous l'eau.

Pour enregistrer les découvertes, on se sert de bouées orange numérotées, qui flottent à la surface de l'eau, juste au-dessus de l'endroit où se trouvent les vestiges. Une équipe auxiliaire enregistre la position de chaque bouée à l'aide d'une technologie de l'ère spatiale, le GPS (Global Positioning System). Le point est reporté sur le plan général du port enregistré dans l'ordinateur du bateau. Un appareil développé par Franck Goddio, une variante de la méthode GPS, permet aux plongeurs d'enregistrer des points directement sous l'eau.

Alors que la cartographie progresse, Franck Goddio se préoccupe de l'état du littoral antique. L'équipe redoute que la Corniche, le boulevard du bord de mer construit au tournant du XIXe siècle, n'ait causé des dommages irréparables en recouvrant tous les vestiges du quartier des palais avec des déblais qui atteignent par endroit des dizaines de mètres d'épaisseur. Les découvertes de 1997 rassurent les chercheurs. Les fonds marins situés près de la terre portent encore de vastes dallages en calcaire, des blocs de granite rouge et gris ainsi que les traces d'une route qui prouvent que le littoral ancien est encore accessible.

À l'est d'Antirhodos, l'équipe de Franck Goddio fait l'une de ses plus belles découvertes. Il s'agit d'un promontoire qui s'avance de 350 mètres dans le port. Une fois dessiné, sa forme irrégulière ne fait aucun doute. C'est bien le « coude de terre » décrit par Strabon dans sa *Géographie.* Il présente quatre structures portuaires et, comme le littoral, il porte d'importants vestiges : des colonnes de granite et de marbre, des fragments de sarcophages antiques, et de gros blocs de pierre qui proviennent peut-être du temple de Poséidon.

Si cette avancée est le Poséidion de Strabon, il faut chercher l'emplacement du Timonium de Marc Antoine à son extrémité. Les plongeurs qui cherchent cette retraite inspectent une digue de 180 mètres de long qui se projette de l'extrémité du promontoire vers l'entrée du port. Comme elle ne porte aucune trace de construction, on en conclut qu'elle n'était qu'un brise-lames ou un quai.

L'espoir renaît lorsque surgit une nouvelle digue, construite avec des blocs de calcaire, qui forme un angle droit avec la base de la première digue, à l'ouest. À son extrémité, séparée d'Antirhodos par une passe étroite, s'étend une plate-forme pavée de calcaire et de mortier et jonchée de colonnes de granite couchées. Ces témoignages en font l'emplacement le plus probable du Timonium.

La localisation des découvertes par satellite

L'exploration du port oriental d'Alexandrie soulève des problèmes inconnus jusqu'alors des archéologues sous-marins. Ils doivent repérer des objets qui gisent au fond d'eaux troubles, mais aussi enregistrer précisémment leur emplacement. L'obligation de laisser sur place toutes les découvertes complique encore la situation.

L'équipe de Franck Goddio a donc eu recours à une technologie militaire développée par le ministère de la Défense américain. Le Global Positioning System (GPS) est un réseau de radio-navigation de vingt-quatre satellites NAVSTAR qui transmettent en permanence des signaux sur toute la planète.
Dans le monde entier, il permet aux utilisateurs sur terre, sur mer et dans les airs, de déterminer leur position, leur vitesse et l'heure, quelles que soient les conditions météorologiques.

À 17 500 mètres d'altitude, chaque satellite GPS effectue deux orbites par jour et transmet sans interruption sa position précise. Les coordonnées géographiques d'un site sont obtenues à l'aide d'une station de réception GPS qui reçoit les signaux du satellite puis calcule sa distance par rapport à ce dernier en mesurant le temps écoulé entre l'envoi et la réception des signaux. On se fonde sur les données de trois satellites pour arriver à une localisation à trois dimensions : longitude, latitude et altitude. C'est une méthode moderne de triangulation. Un quatrième satellite calcule le temps.

La précision de cette méthode n'est pas sans conséquence sur la sécurité. Aussi le ministère de la Défense américain a-t-il équipé chaque satellite d'un programme concernant l'usage civil, *Selective Availability* (disponibilité sélective) faisant en sorte que le satellite envoie au hasard des signaux d'erreur. Pour corriger ce problème, l'équipe de Franck Goddio se sert d'un GPS différentiel (DGPS), qui rectifie la distorsion des signaux. Le DGPS utilise une station de réception basée à terre – ici une base proche du fort de Qaitbay à l'ouest du port. La position de ce point de référence étant connue, il sert de constante et permet à la station de recevoir les signaux des satellites et de rectifier le facteur d'erreur. Il transforme cette information en messages de correction qu'il envoie à une antenne de radiobalise qui transmet ceux-ci à l'utilisateur du GPS. Cette compensation lui permet de corriger la lecture des signaux reçus.

Pour résoudre le problème de la faible visibilité due à la pollution des eaux du port, l'équipe a développé une nouvelle méthode pour recueillir les informations DGPS : une station de réception mobile et étanche spécialement fabriquée pour elle. Surnommée le « piano » en raison de ses nombreux boutons en forme de clé, un plongeur la maintient au-dessus de la découverte pendant que d'autres membres de l'équipe installent à la surface deux antennes flottantes à son aplomb.

La mémoire du récepteur, qui relève jusqu'à cinq cents éléments avec des données géographiques par plongée, est reliée à une base de données sur ordinateur. C'est ainsi que s'effectue l'enregistrement des données géographiques. Le système, dont l'équivalent terrestre est désormais d'un usage courant pour la cartographie, donne la position à quelques centimètres près.

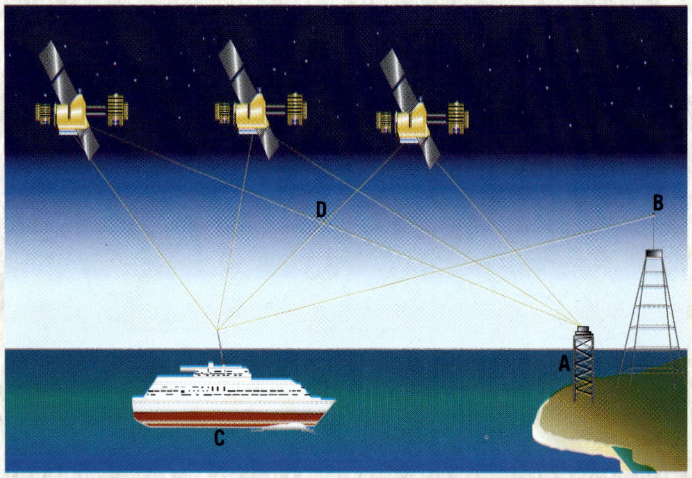

À droite : Roland Savoye recueille des données pour la localisation d'un sphinx avec un GPS différentiel mobile et étanche développé par l'IEASM.

À gauche : Ce dessin montre le fonctionnement du DGPS. Une station de référence (A) reçoit les signaux satellites. En se fondant sur sa propre position, elle calcule le facteur d'erreur pour chacun d'eux. Les données sont transformées en messages de correction et transmises via la radiobalise (B) à l'utilisateur du GPS (C). Ces corrections différentielles sont ensuite appliquées aux signaux GPS (D) reçus par l'utilisateur afin d'améliorer leur précision.

La découverte de blocs de pierre anonymes, de colonnes, de chapiteaux, de quais et de dallages de calcaire dans toute la zone étudiée par la mission est remarquable en soi. Mais leur importance est déterminée par ce qui les entoure. Une concentration de matériaux de construction peut indiquer, par exemple, la présence d'un monument écroulé.

En examinant l'environnement des blocs et des colonnes d'Antirhodos, les plongeurs ont retrouvé des vestiges qui rappellent le texte de Strabon évoquant un édifice royal ptolémaïque sur l'île. À l'endroit le plus large de l'île, le seul assez vaste pour supporter une construction importante, les archéologues ont repéré une plate-forme couvrant plus de 19 000 m^2. Les fouilles ont montré qu'elle a été nivelée avec un ancien mortier. Au-dessous, on a mis au jour des batardeaux en bois, conservés par le mortier. D'après les analyses, le bois et le ciment datent de 250 av. J.-C. – avec une marge d'erreur de 50 ans. Cette datation prouve que la plate-forme et l'édifice disparu qui s'y dressait remontent à l'époque ptolémaïque. On ignore combien de temps le monument de l'île est resté debout et quand il est tombé.

Les inscriptions conservées sur les blocs, les linteaux et les colonnes de l'île aideront peut-être à résoudre cette question un jour. Les règles édictées par le gouvernement égyptien interdisent de sortir de l'eau la plupart des vestiges. Pour que les chercheurs aient accès aux textes, les plongeurs font des estampages. Ainsi les recherches de Frank Goddio bénéficient du concours de savants éminents tels Étienne Bernand, professeur émérite des universités, qui analyse les inscriptions grecques et latines, et Jean Yoyotte, professeur au Collège de France, qui étudie les textes égyptiens.

Ce travail épigraphique se révèle très précieux, notamment en ce qui concerne les fragments des textes de dédicace grecs gravés sur les fûts des colonnes de granite rouge de l'île. Tout en datant les vestiges de l'époque de Caracalla, cet empereur déséquilibré qui a régné au début du IIIe siècle, ils permettent de montrer qu'on a continué à construire sur l'île bien après l'époque ptolémaïque.

Outre les impressionnants éléments architecturaux, les inscriptions et les divers types de céramiques et de poteries, les plongeurs ont découvert de nombreuses sculptures. Le style et l'emplacement de douze des œuvres les plus grandes et les plus significatives trouvées parmi les décombres de quatre sites pavés invitent à s'intéresser à la rencontre des influences grecques, romaines et égyptiennes dans l'Alexandrie antique.

Sur la côte sud-ouest d'Antirhodos, les plongeurs ont découvert une statue en granite gris, haute d'un mètre cinquante, parfaitement conservée. Elle figure un prêtre enveloppé d'un manteau qui porte une image d'Osiris-Canope, forme locale populaire du dieu Osiris. D'après Françoise Dunand, professeur à l'université de Strasbourg, cette découverte est exceptionnelle. On trouve en général plutôt ce genre de statues hors d'Égypte. La présence de cette œuvre de nature religieuse laisse supposer qu'un temple, consacré à Isis, la sœur et l'épouse d'Osiris, s'élevait jadis à cet endroit. Bien que la date de la statue se rapproche du IIe siècle ap. J.-C., l'œuvre se dressait peut-être dans un temple antérieur, voisin d'un palais comme celui que Strabon a vu sur l'île.

Près de la statue reposaient deux sphinx. Les statues de sphinx (corps de lion et tête humaine) mesurent chacune près d'un mètre cinquante de long. Bien conservés, ils n'ont pas même perdu leur nez, appendice souvent endommagé au cours du temps. Le professeur Zsolt Kiss du

La frange régulière et stylisée qui dépasse de la couronne royale a permis d'attribuer ce portrait à Octave. Le style respecte les conventions fixées pour les portraits égyptiens des empereurs romains.

Les vases canopes

L'une des plus belles découvertes du port d'Alexandrie est cette statue de prêtre tenant un vase à tête humaine, qui rappelle qu'une ancienne erreur d'interprétation est à l'origine de la dénomination des vases à viscères.

D'après une légende grecque, un homme du nom de Canopos ou Canobos, timonier du roi Ménélas, l'époux d'Hélène de Troie, succomba, lors d'un voyage en Égypte, à une morsure de serpent. Enterré sur la rive de l'embouchure la plus occidentale du Nil, il donna son nom à la ville voisine, appelée Pegouti en égyptien, port florissant et lieu de détente pour les Alexandrins. Dans son *Histoire ecclésiastique II, XXVI*, l'historien chrétien Rufin d'Aquilée explique que, dans cette région du bras occidental du Nil, Osiris est représenté sous la forme d'un vase sacré surmonté d'une tête humaine.

Le récipient n'est pas un objet rituel, mais bien l'un des aspects d'Osiris. Lors de l'exploration des tombes égyptiennes aux XVIIIe et XIXe siècles, on a exhumé des centaines de vases similaires avec une tête humaine dans lesquels reposaient les viscères des momies. Par erreur, on a alors assimilé ces jarres aux vases de Canope et on les a baptisés vases canopes. Cette appellation est fausse : les vases à viscères n'ont rien à voir ni avec la ville de Canope, ni avec Osiris. Les bouchons de ces réceptacles représentaient le défunt et, à partir du Nouvel Empire, ils seront décorés des têtes des quatre fils d'Horus qui veillent sur les organes ôtés lors de la momification.

La statue d'Alexandrie représente vraiment Osiris. Le jeune prêtre porte l'image divine comme le faisaient sans doute les prêtres lors des processions et des cérémonies rituelles, il y a deux mille ans.

À gauche : Cassée au niveau des chevilles, cette exceptionnelle statue en granite représentant un prêtre portant Osiris, mesure plus d'un mètre cinquante de hauteur. Les mains de l'officiant sont cachées sous le manteau. Il lui est peut-être interdit de toucher l'effigie sacrée à mains nues.

Les plongeurs attachent soigneusement la statue du prêtre afin de la hisser hors de l'eau. La plupart des représentations d'Osiris-Canope datent d'une période comprise entre le début de la domination romaine et le IIe siècle ap. J.-C. Sa présence dans le quartier royal prouve qu'il existait un édifice ou un temple lié au culte de ce dieu dans le complexe des palais.

Centre de recherche d'archéologie méditerranéenne à l'Académie polonaise des sciences de Varsovie y a reconnu des portraits des derniers Ptolémée. L'un d'eux appartient sans doute à Ptolémée XII, le père de Cléopâtre. Les deux sculptures auxquelles s'ajoutent deux autres sphinx trouvés à d'autres endroits, indiquent qu'il y avait jadis des constructions religieuses dans cette zone. Bien qu'ils aient été sculptés séparément et qu'ils figurent des souverains différents, les deux sphinx faisaient peut-être partie de l'édifice religieux qui abritait la statue de prêtre.

D'autres objets attendent d'être découverts à Antirhodos. Dans le petit port de la digue sud, émerge un fragment de statue en marbre blanc. Haute de plus d'un mètre quatre-vingt à l'origine, elle est aujourd'hui cassée au niveau de l'épaule et a perdu une jambe. D'après le professeur Kiss, elle représente soit le dieu grec Hermès, soit un Ptolémée figuré en dieu. Il est difficile de savoir si elle est de style grec ou romain tant la surface est abîmée.

Ce n'est pas la statuaire qui a le plus surpris les archéologues, mais les vestiges très bien préservés d'une épave ensevelie dans le petit port. D'après la datation au carbone 14, le bois remonte à une période comprise entre 90 av. J.-C. et 130 ap. J.-C. D'après les premières études, l'épave serait un cargo ou un navire de guerre gréco-romain ou romain. Des fragments de bijoux, des amphores, des restes de nourriture et des ossements entourent le bateau.

Le littoral antique submergé réserve d'autres surprises aux plongeurs. Ils exhument une tête de faucon haute de 68 cm qui, d'après Jean Yoyotte, représente le dieu Horus, fils d'Isis. Ce beau fragment est en cours de datation. Le pan horizontal de la perruque retombait autrefois sur un corps allongé. Selon Jean Yoyotte, la tête se rattachait à un sphinx hiéracocéphale (tête de faucon) avec un corps de lion ou de crocodile.

À l'est de la tête d'Horus, les plongeurs ont recueilli une tête de granite, figurant un roi coiffé du némès. La frange bordant le front et les tempes, qui apparaît sur des œuvres connues par ailleurs, a permis au professeur Kiss d'identifier Octave, le vainqueur de Cléopâtre. Si l'on se fonde sur les dimensions de la tête, la statue à laquelle appartenait la tête mesurait plus de 4, 80 m de hauteur.

Au nord de la tête d'Octave, un fragment de socle de belle qualité, d'époque pharaonique, porte encore le pied d'une statue qui était colossale. Les hiéroglyphes de la base, déchiffrés par Jean Yoyotte, mentionnent le pharaon Merenptah qui a régné au XIIIe siècle av. J.-C. Un troisième grand sphinx, très abîmé, repose près du socle et un quatrième, très érodé également, occupe le promontoire principal de la péninsule.

Près du site sont étendues plusieurs autres statues dont l'une figure Antonia la Jeune, fille de Marc Antoine. Au nord-est de la péninsule, au bord du littoral antique, était couché un fragment de sculpture de granite gris représentant un serpent lové, associé à Agathodæmon, dieu dont le nom grec signifie « Bon Esprit ». Dans les textes antiques, Agathodæmon est le garant de la prospérité d'Alexandrie et de ses habitants. Près de la statue du serpent se trouve une statue sans tête en calcaire d'un ibis, une forme répandue de Thot-Hermès, dieu de la sagesse, de la connaissance, de l'écriture, des mathématiques et du temps.

Mais aussi merveilleuses que soient les découvertes d'objets, la mission ne perd de vue son objectif principal qui est de restituer l'Alexandrie antique. Les plongeurs consacrent la plus grande partie de leur temps à prendre des mesures précises et à déterminer centimètre par centimètre les dimensions des digues, des cours pavées et des routes, les infrastructures qui ont résisté au temps. Grâce à leurs mesures, il est désormais possible d'établir un plan détaillé faisant clairement apparaître trois ports distincts, protégés par de puissantes digues. Le port situé le plus à l'est, à l'abri du cap Lochias, est sans aucun doute le port royal privé évoqué par Strabon. À côté s'étend un port plus ouvert, isolé de la houle par un brise-lames construit par les hommes et par trois grands récifs qui rendaient la navigation dangereuse. À l'ouest, Antirhodos forme la rive nord-ouest d'un plan

Plongeurs, archéologues et opérateurs admirent la statue du prêtre d'Isis sortant lentement des eaux du port. Cette partie de la ville antique engloutie, dont l'exploration ne fait que commencer, renferme sans doute bien d'autres merveilles de ce genre.

Un plongeur éclaire un bloc de granite rouge d'Antirhodos qui porte le cartouche d'Apriès, pharaon de la XXVIe dynastie qui a régné au VIe siècle av. J.-C.

d'eau en forme de quadrilatère compris entre l'île, le promontoire du Poséidion et la plage.

Avec les données qui s'accumulent, les pièces du puzzle se mettent en place. Franck Goddio et son équipe réalisent alors que l'idée qu'on se faisait jusque-là de la topographie de cette partie d'Alexandrie était fortement erronée. Mahmoud Bey, qui ne dispose pas d'indications précises dans le texte de Strabon, situe Antirhodos à l'est du Poséidion alors qu'en fait l'île se trouve à l'ouest. Il fait du cap Lochias un petit promontoire de 20 à 30 mètres de longueur alors qu'il avance, comme les pinces d'une langouste, de plus d'un kilomètre dans la baie. Les futures études de cette zone se fonderont désormais sur le nouveau tracé topographique précis et exact de Franck Goddio, référence incontournable.

Le travail effectué dans le port a déjà conduit à remiser les anciennes cartes, mais il reste encore beaucoup à faire. Antirhodos, notamment, garde encore ses secrets. Le mélange confus d'éléments romains, grecs et pharaoniques ainsi que les amas de pierre et les matériaux de construction soulèvent de nombreuses questions concernant l'histoire sociale et architecturale de la ville. La reconstitution de l'Alexandrie de Cléopâtre est un projet qui se poursuit. Les problèmes que posent les récentes découvertes occuperont les chercheurs pendant une cinquantaine d'années, estime Franck Goddio, qui espère, tout comme le codirecteur de la mission, Ibrahim Darwish, que l'IESAM poursuivra son travail sur le site dans un futur proche. À l'heure actuelle, l'état d'inachèvement des fouilles ne fait que stimuler l'imagination.

Les Ptolémée, las du monde, ont-ils comploté et tissé leurs intrigues sur les esplanades englouties, récemment découvertes au large de l'actuel bord de mer ? Le dallage qui englobe un bâtardeau près de l'entrée principale du port ouest marque-t-il le lieu où Marc Antoine, vaincu, s'est retiré pour pleurer sur le monde qu'il a perdu par amour ? Le palais de Cléopâtre ornait-t-il la place centrale d'Antirhodos ? La reine a-t-elle arpenté ses portiques en imaginant des plans désespérés alors que son sort se jouait à Rome ? Le port conserve son mystère. De nombreuses campagnes archéologiques seront nécessaires pour lever complètement le voile sur la cité engloutie où la reine a choisi de se donner la mort.

RÉALISER DES ESTAMPAGES SOUS L'EAU

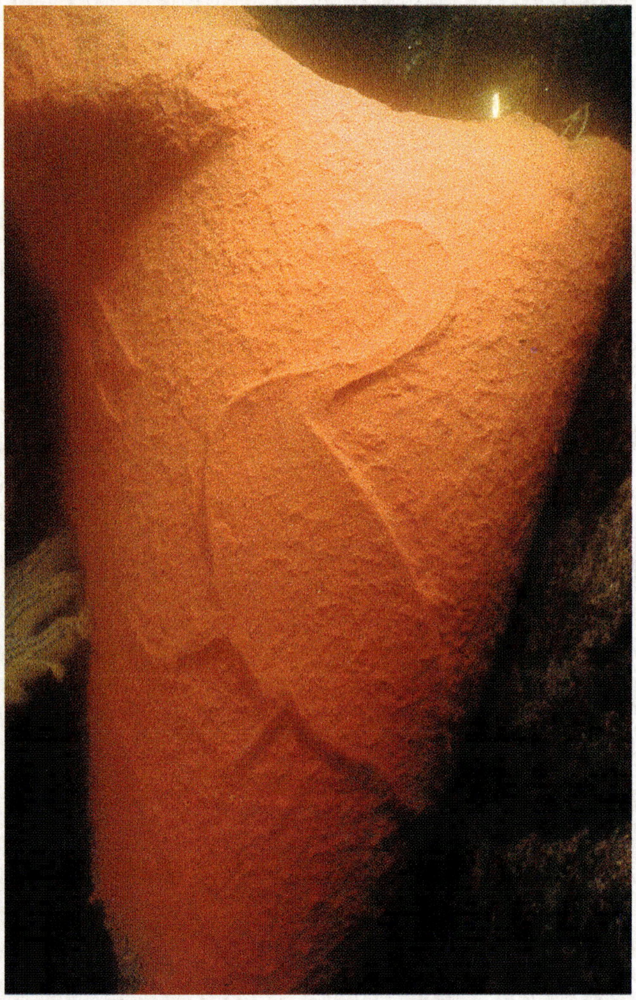

Pour que les chercheurs puissent étudier les objets qui reposent au fond de l'eau, Franck Goddio et son équipe ont eu recours à une technique d'estampage qui améliore souvent la lecture des originaux. On a aussi parfois sorti temporairement des statues de l'eau pour faire des moulages à trois dimensions. Mais, afin de ne pas bouleverser le site, l'équipe a réalisé la plupart des copies sous l'eau.

Pour obtenir une empreinte durable des hiéroglyphes et des autres inscriptions sur pierre, les plongeurs ont employé des feuilles d'une matière synthétique – du Tergal – découpée à la taille des blocs à relever et recouvertes d'un élastomère à base de silicone (en haut à gauche). On accroche au Tergal des attaches en forme de boucles, puis les plongeurs l'appliquent sur la surface à estamper. Des poids en plomb sont fixés sur les attaches tandis qu'une feuille de plomb est posée sur le matériel d'estampage pour assurer une pression suffisante (en bas à gauche).

Seize heures plus tard – intervalle de temps entre une plongée de l'après-midi et la première du matin –, on enlève les poids et l'on retire la feuille durcie. L'estampage, souple et résistant, offre une empreinte parfaitement claire des inscriptions (à droite). Grâce à ce procédé parfaitement au point, la copie est souvent plus facile à déchiffrer que l'original. Le moulage est ensuite photographié à l'envers, prêt pour la traduction.

Ci-dessus : Les plongeurs examinent les hiéroglyphes d'un estampage fait avec un élastomère à base de silicone. Il reproduit deux fragments d'un pilier ou d'un montant de porte. Au centre, on voit nettement la ligne qui sépare les deux blocs. Les hiéroglyphes mentionnent Apriès, roi de la XXVIe dynastie (656-525 av. J.-C.). Curieusement, les deux blocs proviennent de deux sites différents : Antirhodos et le littoral antique immergé.

Copier des œuvres antiques

En accord avec le Conseil suprême des antiquités égyptiennes, Franck Goddio et son équipe ont veillé à ce que les objets trouvés au cours de leur exploration restent dans le port oriental jusqu'à ce qu'on ait pris une décision au sujet de la création éventuelle d'un musée sous-marin. Mais l'importance de certaines œuvres les a incités à en établir des relevés précis permettant aux chercheurs de les étudier dans le détail, avant de les disposer à nouveau au fond de l'eau.

Les opérations d'estampage sont supervisées par Georges Brocot, un artiste français qui s'est spécialisé dans les techniques de moulage. Son travail consiste à réaliser des moules qui reproduisent la sculpture dans ses moindres détails et le plus exactement possible.

Avant toute chose, il procède à un nettoyage complet de l'œuvre à reproduire, ici la statue de prêtre. Il retire les matériaux étrangers comme les concrétions accumulées pendant des siècles. Pour protéger la surface de la statue de la silicone liquide, il la recouvre d'une très fine couche de vaseline. Ensuite, pour faciliter le travail, Georges Brocot divise la statue en deux moitiés à l'aide d'argile à modeler. La statue est alors prête pour la silicone.

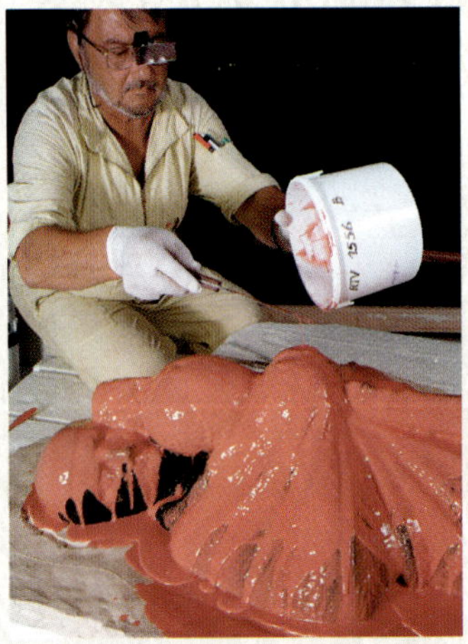

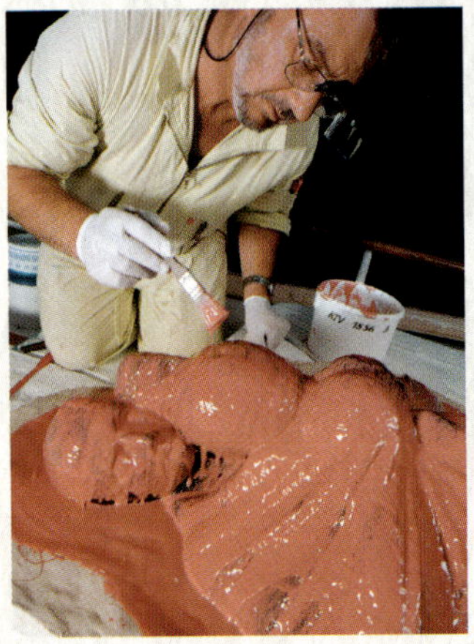

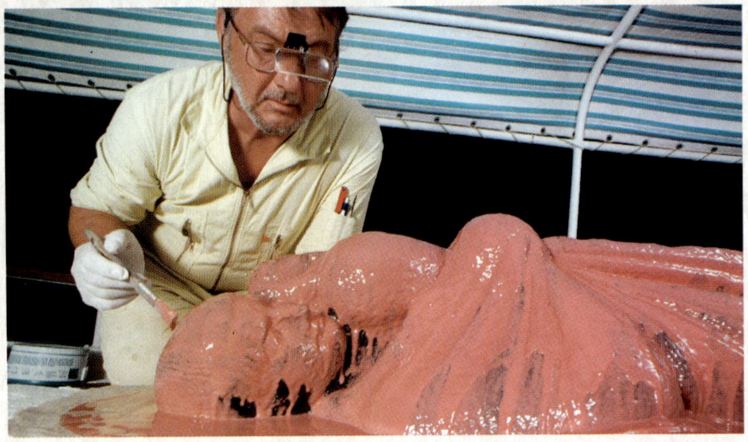

À gauche : Équipé de gants et d'une loupe fixée à ses lunettes, Georges Brocot verse le liquide pour le moulage sur la moitié antérieure de la statue. Il répartit régulièrement le liquide avec un pinceau et ajoute des couches successives de silicone jusqu'à obtention de l'épaisseur désirée – un demi-centimètre environ. Une fois que le liquide est posé, l'artiste applique une couche de gel et de résine époxyde pour consolider la forme du moule.

Sous le regard de Franck Goddio, Georges Brocot retire le moule de la moitié antérieure de la statue. La matière blanche qui entoure la silicone durcie n'est autre que l'épaisse couche de résine appliquée à la fin du processus de moulage pour que le moule conserve sa forme. Une fois les deux moitiés du moule réalisées, on les soude ensemble pour créer une copie parfaite de la statue.

Le plongeur Jean-Claude Roubaud retire le moule d'un immense pied, vestige d'une statue du pharaon Merenptah. Fils de Ramsès II, qui a eu plus de cent enfants, il a survécu à ses douze frères aînés et a succédé à son père.

À droite : Georges Brocot effectue les retouches finales sur le moule de la tête d'une statue d'Octave.

Pour étudier un site de manière exhaustive, les membres de l'expédition sont souvent contraints de déplacer de gros blocs et des colonnes de pierre afin d'accéder à l'endroit qu'ils recouvrent. Ici, Fernando Pereira passe un solide lien autour d'un bloc de granite qui sera repoussé de quelques mètres à l'aide de coussins d'air. Dès que la fouille se termine, on rapporte le bloc à sa place primitive.
À droite : Roland Savoye étudie un bloc de granite rouge portant des inscriptions.

LA DÉCOUVERTE D'UNE ÉPAVE ANTIQUE

Lorsque les plongeurs ont vu pour la première fois les morceaux de bois en saillie sur le fond du port de l'île d'Antirhodos, ils ont cru qu'il s'agissait des ruines d'une jetée. Le bois, très bien conservé, semblait indiquer qu'il était plus récent que la plupart des objets repérés jusque-là. Mais la datation au carbone 14 a montré qu'il remontait à une période comprise entre 90 av. J.-C. et 130 ap. J.-C., qui couvre notamment le règne de Cléopâtre. L'excitation de l'équipe pousse Franck Goddio à fouiller le site.

Les plongeurs, déplaçant les masses de sédiments à l'aide des dragues, mettent progressivement au jour la coque d'un navire antique, découvrant de nombreuses amphores, des denrées alimentaires, des ossements d'animaux et des parures telles que bagues et épingles à cheveux. Le bateau, long de plus de 30 m et large de 8 m environ, ne s'est pas brisé. Patrice Sandrin, spécialisé dans le dessin d'architecture navale, a reproduit chaque planche centimètre par centimètre sur du calque étanche à l'aide d'une mine au plomb. Plongée après plongée, ses découvertes ont été consignées sur un plan général de l'épave, conservé à bord de l'*Océanex*, plan qui n'a cessé de s'enrichir. Ce n'est qu'une fois que le dessin a pris forme, que l'on a constaté que la quille était percée d'un trou, sans doute à l'origine du naufrage du navire.

D'après les premières études comparatives, l'épave semble être un navire-cargo à moins qu'il ne soit un bateau de guerre gréco-romain ou romain.

L'épave soulève beaucoup de questions sans réponses. Ainsi on ignore pourquoi il a coulé. Bien que des récifs dangereux se dressent à proximité, les dégâts constatés sur la quille sont trop importants pour qu'ils soient responsables du drame. En effet, avec un trou aussi large, le navire n'aurait pas pu atteindre le port avant de sombrer. La possibilité qu'il ait percuté quelque chose à l'endroit même où il a disparu pose d'autres problèmes. Il est encore trop tôt pour savoir si les fouilles, qui se poursuivent, parviendront à lever le voile sur le mystère des derniers instants du navire.

À gauche : Cette amphore fabriquée entre le IIIe et le IVe siècle ne provient pas de l'épave bien qu'elle ait été trouvée sur le site.

À droite : Patrice Sandrin, spécialiste du dessin d'architecture navale, fait un relevé précis des planches du navire antique.

À l'extrême-droite : Le plancher en bois qui recouvrait jadis la cale du bateau.

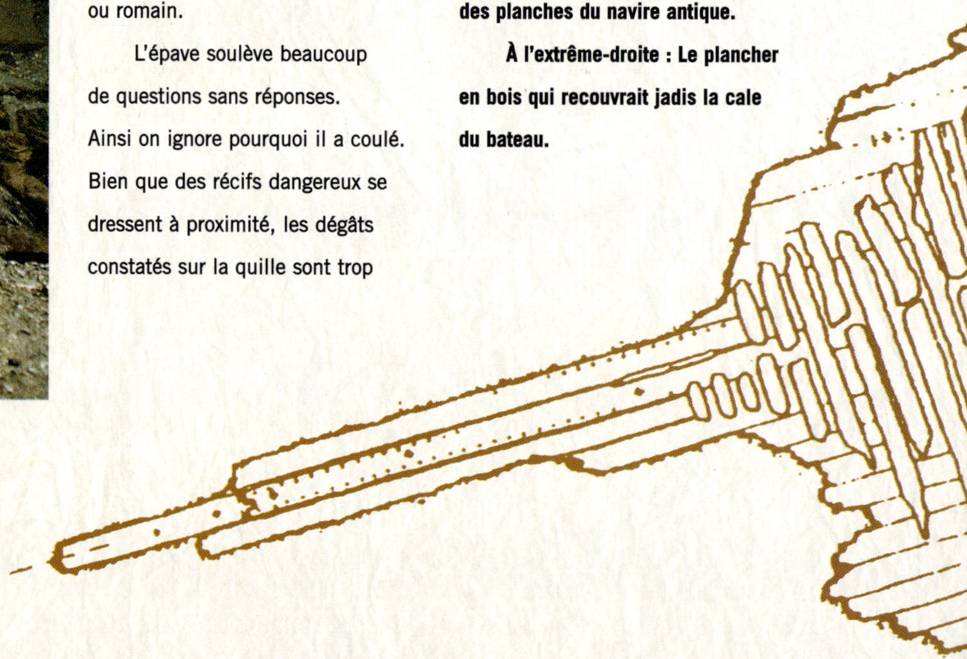

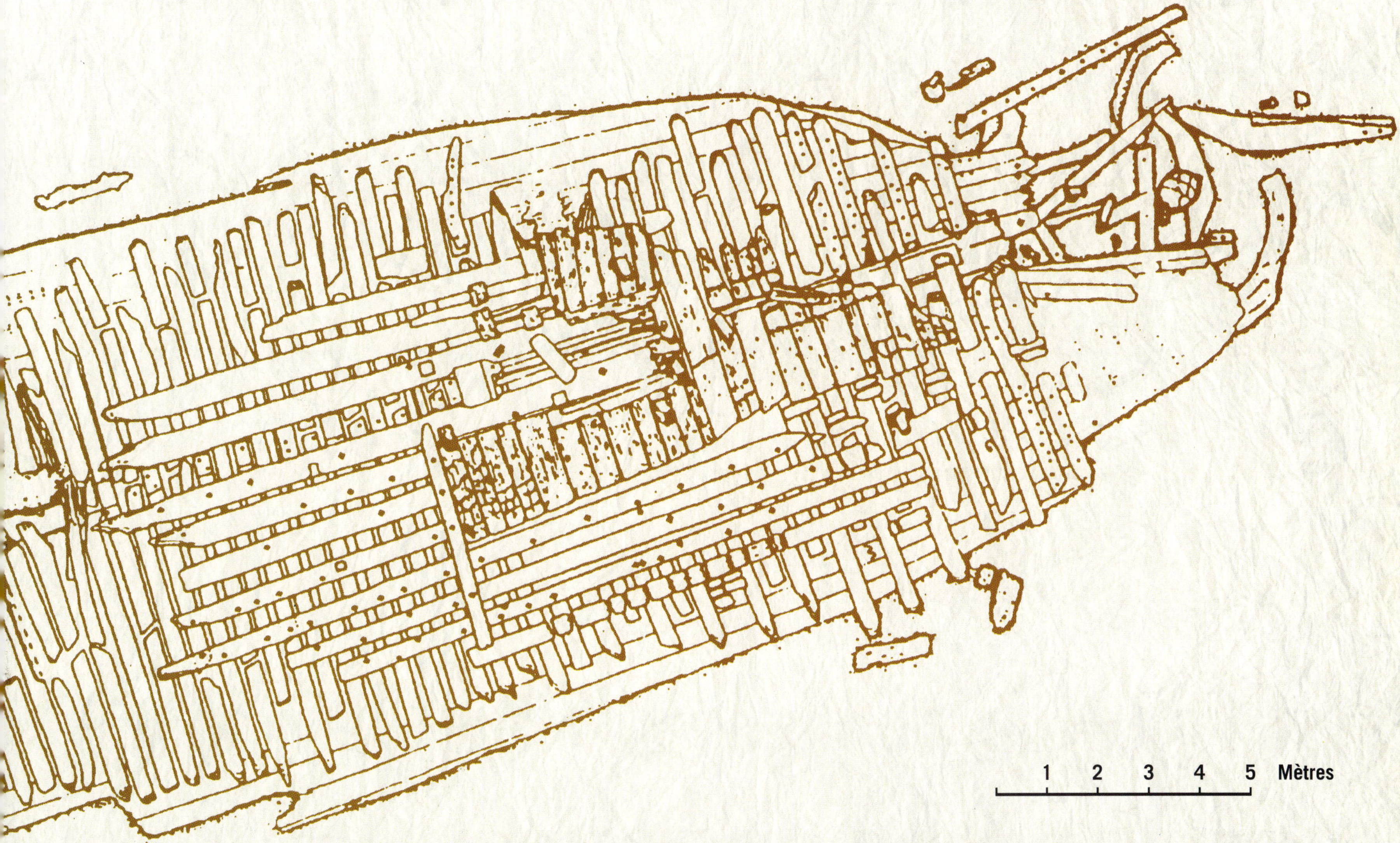
1 2 3 4 5 Mètres

« Au-dessous (…) s'étend le port creusé par la main de l'homme et qui est dissimulé à la vue, la propriété privée des rois, comme l'est aussi Antirhodos, une île qui se trouve au large du port artificiel et abrite un palais royal et un petit port. »
Strabon, *Géographie*.

Ci-dessus : Le bois du navire qui a sombré dans le port d'Antirhodos est remarquablement bien conservé comme le montre ce détail.

À droite : Ce sphinx, l'un des quatre repérés par l'équipe de Franck Goddio, se trouvait sur le littoral antique. La tête très abîmée, était coiffée du némès, la couronne royale, dont un pan est clairement visible.

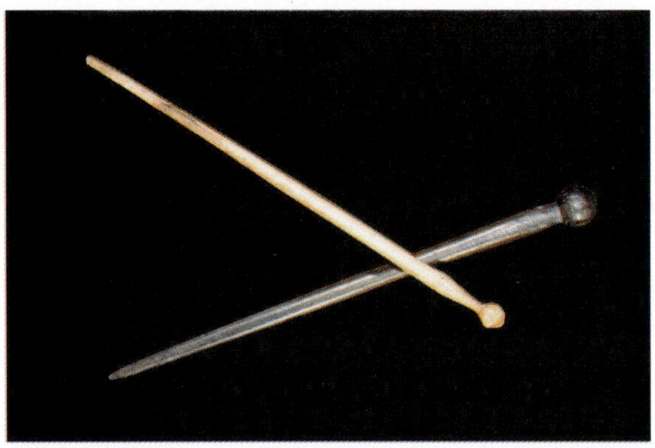

De nombreux objets jonchaient l'épave et ses environs. Ces clous de bronze (ci-contre en haut) ont été utilisés pour assembler les éléments intérieurs du navire qui n'étaient pas en contact avec l'eau. Parmi les autres trouvailles figurent une paire d'épingles à cheveux, l'une en ivoire, l'autre en ébène (ci-contre, en bas à gauche) et deux bagues en or. L'une, à droite, est incrustée d'une calcédoine gravée. L'autre (ci-contre, en bas à droite) est ornée d'une pyramide.

On a également remonté de la vaisselle (ci-dessus) contenant des os d'animaux et des noisettes.

Ce sphinx dont les traits rappellent ceux de Ptolémée XII repose au fond des eaux troubles du port oriental. Très bien conservé, il se dressait jadis dans un temple de l'île d'Antirhodos.
Double page précédente : Patrice Sandrin établit un relevé de l'épave antique.
Double page suivante : Deux sphinx encadrent la statue du prêtre d'Osiris-Canope.

GLOSSAIRE

Actium : ville de la côte nord-ouest de la Grèce au large de laquelle Octave a remporté une bataille navale décisive contre Antoine et Cléopâtre en 31 av. J.-C., lui permettant de devenir le premier empereur de Rome.

Alexandrie : ville et port de la Méditerranée fondée en 332 av. J.-C. par Alexandre le Grand, centre culturel et commercial majeur et capitale de la dynastie ptolémaïque.

Amon-Rê : figuré comme un homme coiffé d'un mortier où sont fichées deux hautes plumes, Amon, chef du panthéon égyptien, est originaire de Thèbes où il est honoré dans le temple de Karnak.

Ankh : croix dont la branche verticale dessine un nœud; symbole de la vie éternelle.

Antirhodos : petite île du Grand Port d'Alexandrie.

Aphrodite : déesse grecque de l'amour et de la beauté, identifiée à Vénus par les Romains; parfois associée à Isis, la déesse égyptienne.

Apis : taureau sacré incarnation du dieu Ptah, lié également à Osiris. Les taureaux Apis, qui se reconnaissent à leurs marques distinctives, sont vénérés à Memphis.

Aspic : terme appliqué au cobra qui a piqué Cléopâtre, mais qui désigne normalement une vipère.

Arsinoé IV : sœur cadette et rivale de Cléopâtre.

Attique : qui se rapporte à l'Attique, à Athènes ou en est caractéristique. Désigne aussi le dialecte de l'Attique.

Aulète : surnom signifiant « le flûtiste » désignant Ptolémée XII, le père de Cléopâtre VII.

Bacchus : dieu romain du vin et de la fête.

Barque sacrée : bateau portatif servant à emmener les dieux en procession.

Bas-relief : sculpture se détachant en saillie sur un fond plat.

Bérénice IV : sœur aînée de Cléopâtre VII; reine d'Égypte de 57 à 55 av. J.-C.

Bès : nain grimaçant, pourvu d'une queue et vêtu d'une peau de lion, protecteur des femmes et guérisseur.

Brutus : homme d'État romain et général; l'un des conjurés qui ont assassiné César.

Byzantin : se rapporte à l'empire byzantin (395 ap. J.-C.-1453), qui a pour capitale Byzance, devenue par la suite Constantinople, puis Istanbul. Désigne aussi l'art et l'architecture de l'empire.

Calice : vase à boire en forme de coupe avec un pied et deux anses horizontales.

Canopes, vases : récipients en terre cuite ou en pierre contenant les viscères de la momie. Les quatre vases sont fermés par des bouchons à l'effigie des quatre fils d'Horus (Amset, Hapy, Douamoutef et Qebehsenouf), génies protecteurs. Ils renferment l'estomac, les poumons, les intestins et le foie.

Caracalla : empereur romain (211-217) célèbre pour ses massacres. En 212, il accorde la citoyenneté romaine à tous les habitants libres de l'empire.

Cartouche : signe ovale, figurant une corde nouée à la base, qui renferme deux des cinq noms du roi d'Égypte. Appellation due aux soldats de Napoléon pour qui le signe évoquait une cartouche de fusil.

Charmion : servante et compagne de Cléopâtre qui se suicide avec sa maîtresse.

Cicéron : orateur et homme d'État romain, ardent défenseur de la République et ennemi de Cléopâtre VII.

Dahabieh : grandes barques à voile à bord desquelles les touristes partaient en croisière sur le Nil au XIXe siècle.

Delta du Nil : région de la Basse-Égypte, située au nord du Caire, où le Nil se divise en cinq branches avant de se jeter dans la Méditerranée.

Diadème-seshed : serre-tête ornemental orné du cobra et porté par les rois.

Dionysos : dieu grec du vin, de l'extase mystique et de l'immortalité.

Drachme : ancienne pièce de monnaie grecque en argent ou en or.

Dynastie : ensemble de souverains ayant des liens de parenté.

Égide : placée à la proue et à la poupe des barques sacrées, l'égide se compose d'une tête de divinité dont la poitrine est parée d'un large collier circulaire aux extrémités en forme de tête de faucon. Ornement également utilisé pour les rituels.

Électrum : alliage naturel d'or et d'argent où l'or domine, utilisé pour fabriquer des bijoux, des figurines et pour plaquer le sommet des obélisques.

Faïence égyptienne : céramique émaillée à base de silice, de chaux et d'alcalis (natron ou cendres végétales) colorée par des minerais comme la malachite.

Fulvie : deuxième épouse de Marc Antoine, elle organise avec le frère de ce dernier un soulèvement manqué contre Octave.

Gabinius : gouverneur de Syrie et l'un des généraux de Pompée. Il prend la tête des troupes qui rétablissent Ptolémée XII en exil sur son trône.

Geb : dieu égyptien de la terre et époux de Nout, la déesse du ciel.

Gladiateur : dans l'ancienne Rome, un esclave ou un prisonnier qui participe aux jeux du cirque. Les gladiateurs luttaient entre eux ou contre des bêtes sauvages dans des combats à mort.

GPS : Global Positioning System. Technologie développée par le gouvernement américain utilisant des satellites pour déterminer instantanément la latitude, la longitude et l'altitude partout dans le monde.

Hathor : déesse égyptienne de l'amour et de la joie. Elle est figurée sous les traits d'une femme coiffée de cornes de vache entourant le disque solaire, d'une femme avec des oreilles de vache ou encore sous l'apparence d'une vache.

Hellénistique : désigne la période qui s'étend de la mort d'Alexandre en 323 av. J.-C. à celle de Cléopâtre VII en 30 av. J.-C. et la culture de cette époque.

ÉPOQUE PRÉDYNASTIQUE (4000-3050 av. J.-C.)

Fondation de la nécropole d'Hiérakonpolis vers 4000
Essor de Sumer vers 3500
Invention de l'écriture vers 3300
Unification de l'Égypte par Narmer vers 3100

ÉPOQUE THINITE (3100-2705 av. J.-C.)

Ire dynastie (3100-2890) fondation de Memphis
IIe dynastie (2890-2686)
Khasékhemouy met fin à une période de trouble

ANCIEN EMPIRE (2705-2213 av. J.-C.)

IIIe dynastie (2686-2613)
Première pyramide érigée à Sakkara vers 2650
IVe dynastie (2613-2494)
Érection de la pyramide de Khéops à Gizeh vers 2550
Sculpture du grand Sphinx de Gizeh vers 2530
Ve dynastie (2494-2345)
VIe dynastie (2345-2181)

Glossaire

Hercule (Héraclès) : héros grec et demi-dieu à la force légendaire et fils de Zeus et d'Alcmène dont la famille de Marc Antoine prétend descendre.

Hiéroglyphes : mot grec signifiant « signes sacrés ». Les hiéroglyphes forment la première des trois écritures égyptiennes, avec le hiératique et le démotique.

Horus : dieu égyptien du ciel, fils d'Isis et d'Osiris, souvent figuré comme un homme à tête de faucon ou un faucon. Les pharaons sont l'incarnation terrestre d'Horus.

Ibis : échassier qui a disparu d'Égypte. Il était autrefois l'animal sacré du dieu Thot.

Iras : servante et compagne de Cléopâtre VII, elle s'est suicidée en même temps que sa maîtresse.

Isis : l'une des déesses majeures et les plus aimées de la mythologie égyptienne. Déesse de la magie, de l'amour conjugal et maternel. Avec son époux Osiris, elle a apporté la civilisation à l'humanité.

Karnak : temple de Thèbes en Haute-Égypte, consacré à Amon-Rê et à d'autres dieux ; plus grand lieu de culte jamais construit.

Khépri : forme du soleil levant représentée par un scarabée ou un homme ayant pour tête un scarabée.

Levant : pays bordant la rive orientale de la Méditerranée ou Proche-Orient.

Littoral : zone où la côte et la mer entrent en contact.

Livre des morts : recueil de formules consigné sur papyrus, destiné à guider le mort dans l'au-delà.

Macédoine : ancien royaume du nord de la Grèce, terre natale d'Alexandre le Grand.

Mammisi ou maison de naissance : petit sanctuaire annexé au temple principal où l'on célèbre la naissance des dieux.

Modius : coiffure égyptienne de forme cylindrique, souvent ornée de cobras et surmontée d'autres symboles.

Muses : dans la mythologie grecque, les neuf déesses des arts et des sciences.

Némès : couvre-chef en tissu porté par les pharaons. Il orne la tête du grand sphinx de Gizeh.

Nil : le plus long fleuve du monde, qui parcourt 6 671 km dans l'est de l'Afrique.

Nout : déesse égyptienne du ciel et épouse de Geb.

Obélisque : monolithe long et mince terminé par une pointe en forme de pyramide.

Octavie : sœur d'Octave et épouse romaine de Marc Antoine.

Osiris : dieu égyptien des morts, époux et frère d'Isis, père d'Horus. Ses principaux lieux de culte sont Abydos, au nord de Louqsor et Busiris dans le Delta.

Papyrus : plante aquatique qui poussait au bord du Nil. Avec sa tige, on fabriquait le papyrus, support de l'écriture.

Pharaon : mot dérivant de l'égyptien *per-aa* la « grande maison », c'est-à-dire le palais royal. À partir de 1450 av. J.-C., l'expression désigne également le roi, son occupant.

Philippe II : roi de Macédoine de 359 à 336 av. J.-C. Père d'Alexandre le Grand.

Plutarque : biographe et historien grec. Ses œuvres forment l'une des sources historiques les plus importantes concernant la Grèce et la Rome antiques.

Ptah : dieu égyptien créateur du monde et patron des artisans, vénéré à Memphis.

Ptolémée : nom de tous les rois de la dynastie grecque qui a gouverné l'Égypte de 323 à 30 av. J.-C.

Pompée le Grand : général romain et triumvir, vaincu par Jules César au cours de la deuxième guerre civile romaine.

Rhakotis : village de la côte méditerranéenne à l'emplacement duquel Alexandre a fondé Alexandrie.

Sarcophage : coffre de pierre, inscrit ou sculpté, renfermant les cercueils.

Satrape : gouverneur de province dans l'ancien empire perse.

Scarabée : les Égyptiens ont fait du coléoptère *Scarabeus sacer*, qui semble venir à l'existence de lui-même, le symbole de la vie.

Sceptre : bâton emblème du pouvoir royal ou impérial.

Sekhmet : déesse égyptienne de la destruction et de la guerre, figurée sous la forme d'une femme à tête de lionne.

Sérapeum : nécropole des taureaux sacrés Apis.

Shen : signe en forme d'anneau représentant tout ce que le soleil entoure.

Sistre : sorte de hochet utilisé comme instrument de musique au cours de cérémonies religieuses dans plusieurs pays antiques dont la Grèce et l'Égypte.

Sokar : dieu égyptien des nécropoles.

Sphinx : statue avec un corps de lion et une tête de roi, symbole de la royauté.

Stèle : dalle de pierre, souvent cintrée, qui porte des représentations et des textes commémoratifs.

Strabon : géographe et historien grec (entre le Ier siècle av. J.-C. et le Ier siècle ap. J.-C.). Dans ses œuvres, il a décrit Alexandrie.

Sobek : dieu crocodile égyptien.

Sôter : le Sauveur ; nom de Ptolémée Ier, fondateur de la dynastie ptolémaïque.

Timonium : nom de la retraite occupée brièvement par Marc Antoine après la défaite d'Actium.

Thot : dieu égyptien de l'écriture et de la sagesse.

Triumvirat : à Rome, association de trois personnes gouvernant conjointement.

Ouas : sceptre, symbole de pouvoir.

Vases-*nou* : récipients pour le vin.

Zeus : roi des dieux grecs, parfois associé au dieu égyptien Amon.

PREMIÈRE PÉRIODE INTERMÉDIAIRE (2213-2061 av. J.-C.)

VIIe-VIIIe dynasties (2181-2055)
IXe-Xe dynasties (2160-2025)
Début de la XIe dynastie thébaine (2125-2055)

MOYEN EMPIRE (2061-1668 av. J.-C.)

La XIe dynastie réunifie l'Égypte (2055-1650)
Montée des Phéniciens 2000
XIIe dynastie (1985-1795)
Promulgation du Code lois d'Hammourabi vers 1780
Les Sémites s'installent en Palestine vers 2000-1700
XIIIe dynastie (1795-1750)
Domination Hyksos 1730-1630
XIVe dynastie (1750-1650)

DEUXIÈME PÉRIODE INTERMÉDIAIRE (1668-1570 av. J.-C.)

XVe et XVIe dynasties (1650-1550)
XVIIe dynastie (1650-1550)
Guerre de libération contre les Hyksos

BIBLIOGRAPHIE

Aston, Mick ; Taylor, Tim, *The Atlas of Archeology*, Londres, DK Publishing, 1998.

Baines, John ; Malek Jaromir, *Atlas de l'Égypte ancienne*, Paris, Fernand Nathan, 1981.

Carradice, Ian, *Greek Coins*, Londres, British Museum, 1995.

Cornell, Tim ; Matthews, John, *Atlas du monde romain*, Paris, Fernand Nathan, 1994.

Davies, Vivian ; Friedman, Renée, *Egypt uncovered*, New York, Tabori and Chang, 1998.

Delgado, James P., éd., *Encyclopedia of Underwater and Maritime Archeology*, New Haven, Yale University Press, 1998.

Empires Ascendant, Alexandria, Va., Time-Life Books, 1987.
What Life was Like on the Banks of the Nile, Alexandria, Va., Time-Life Books, 1997.

Flamarion, Édith, *Cléopâtre : vie et mort d'un pharaon*, Paris, Gallimard, 1993

Foss, Michael, *The Search of Cleopatra*, Arcade Publishing, Londres, Michael O'Mara Books, 1997.

Forster, E.M., *Alexandrie*, Paris, Quai Voltaire, 1990.

George, Margaret, *Les Mémoires de Cléopâtre*, Paris, Albin Michel, 1998.

Goddio, Franck ; Bernand, André ; Bernand, Étienne *et al.*, *Alexandrie, les quartiers royaux submergés, relevés topographiques et excavations 1992-1997*, Paris, Périplus, 1998.

Gombrich, Ernst Hans, *Histoire de l'art*, Paris, Flammarion, 1982.

Gowing, Sir Lawrence, éd., *A History of Art*, Oxford, Andromeda Oxford, 1995.

Grant, Michael, *Cleopatra*, Londres, Weidenfeld and Nicolson, 1972.

Haas, Christopher, *Alexandria in Late Antiquity : Topography and Social Conflict*, Baltimore, The John Hopkins University Press, 1997.

Hayes, John W., *Handbook of Mediterranean Roman Pottery*, Norman, Okla, University of Oklahoma Press, 1997.

Hibbard, Howard, *The Metropolitan Museum of Art*, New York, Harrison House, 1986.

Janson, H. W., *History of Art*, New York, Harry N. Abrams, 1964.

Ludwig, Emil, *Cléopâtre*, Évreux, Le Cercle du bibliophile, 1970.

Plutarque, *Vies parallèles*, 2 vol., Paris, Flammarion, 1995-1996.

Renault, Mary, *The Nature of Alexander*, New York, Pantheon Books, 1975.

Romer, John, *Ancient Lives : Daily Life in the Egypt of the Pharaohs*, New York, Holt, Rinehart and Winston, 1984.

Siliotti, Alberto, *Vallée des Rois, guide des meilleurs sites*, Paris, Gründ, 1996.

Siliotti, Alberto, *Pyramides, guide des meilleurs sites*, Paris, Gründ, 1997.

The J. Paul Getty Museum, *Alexandria and Alexandrianism*, Malibu, The J. Paul Getty Museum, 1996.

Yoyotte, Jean ; Charvet, Pascal ; Gompertz, Stéphane, *Strabon, le voyage en Égypte*, Paris, NiL éditions, 1997.

En complément, les ouvrages incontournables sur Alexandrie et Cléopâtre, avec le point des recherches récentes menées par les Français à Alexandrie :

Bernand, André, *Alexandrie la Grande*, rééd. Paris, Hachette, 1998.

Bernand, André, *Alexandrie des Ptolémée*, Paris, CNRS Éditions, 1995.

Canfora, L., *La Véritable Histoire de la bibliothèque d'Alexandrie*, Paris, Desjonquières, 1988.

Charron, Alain ; Empereur, Jean-Yves ; Geoffroy-Schneiter, Bérénice ; Pelletier Hornby, Paulette, *l'ABCdaire d'Alexandrie*, Paris, Flammarion-Paris-Musées, 1998.

Chauveau, Michel, *Cléopâtre au-delà du mythe*, Paris, Liana Levi, 1998.

Chauveau, Michel, *L'Égypte au temps de Cléopâtre 180-30 av. J.-C.*, Paris, Hachette Littérature, 1997.

Empereur, Jean-Yves, *Alexandrie redécouverte*, Paris, Fayard-Stock, 1998.

Goddio, Franck, *À la recherche de Cléopâtre*, Paris, Robert Laffont, 1996.

Jacob, Christian, Polignac, François de, *Alexandrie IIIe siècle av. J.-C. : tous les savoirs du monde ou le rêve de l'universalité des Ptolémée*, éditions Autrement, Série Mémoires, n° 20, décembre 1992.

La Gloire d'Alexandrie, catalogue de l'exposition présentée au Petit-Palais, Paris-Musées, 1998.

NOUVEL EMPIRE (1570-1070 av. J.-C.)

- XVIIIe dynastie (1570-1293)
- Migrations polynésiennes dans le Pacifique 1500
- Construction du temple d'Hatchepsout à Deir el-Bahari 1466-1453
- Essor de l'empire hittite en Anatolie 1400-1200
- Début de la construction du temple de Louqsor 1390
- Aménagement de la tombe de Toutankhamon 1336-1327
- XIXe dynastie (1293-1185)
- Règne de Ramsès II qui élève les temples d'Abou Simbel et de Louqsor 1290-1224
- Exode des Hébreux qui quittent l'Égypte vers 1250
- Les Mycéniens détruisent Troie vers 1200
- XXe dynastie (1185-1070)

TROISIÈME PÉRIODE INTERMÉDIAIRE (1070-747 av. J.-C.)

- XXIe, XXIIe, XXIIIe, XXIVe dynasties (1070-715)
- XXVe dynastie soudanaise (715-664)
- Conquête et domination de l'Égypte par les Nubiens de l'empire Kouchite
- Émergence de la civilisation maya au Mexique vers 900
- Essor des cités-État grecques vers 800

Remerciements

Les éditeurs remercient les personnes suivantes pour l'aide apportée à l'élaboration et à la publication de cet ouvrage : l'auteur et éditeur Laura Foreman qui a fait revivre Cléopâtre ; le professeur et égyptologue Bob Brier du C. W. Campus of Long Island University, qui a partagé sans compter ses connaissances sur la période ; l'historien d'art Pat Remler pour ses recherches sur les œuvres d'art et les objets ; Tony Allan et George Constable dont les talents éditoriaux et les compétences ont permis de mettre l'histoire en forme ; et Emily Teeter, conservateur assistant de l'Oriental Institute de l'université de Chicago qui a mis son temps et son savoir au service du projet. Nos remerciements vont aussi à Michael Sedge, Carolyn Keating ; Jeff Campbell, Ken DellaPenta et Kate Pierce pour leur contributions éditoriales.

Enfin, nous sommes reconnaissants à toutes les personnes qui ont collaboré au projet : Tom Hastings, CineNova Productions, Toronto, Ontario, Canada ; Sophie Lalbat, Salaction Public Relations, Paris ; Tatiana Michel, Institut européen d'archéologie sous-marine (IEASM) ; Georg F. Rosenbauer, Fondation Hilti, Liechtenstein ; Mikol Rudd, Discovery Communications, Bethesda Maryland ; Gertraud Walch, Fondation Hilti, Liechtenstein ; Sarah Wisseman, directeur du Département des anciennes technologies, université de l'Illinois.

BASSE ÉPOQUE (664-332 av. J.-C.)

DOMINATIONS PERSES (525-398 et 341-332 av. J.-C.)

XXVIe dynastie (664-525)
Renaissance culturelle de l'Égypte
XVIIe et XXXIe dynasties perses
XXVIIe, XIXe, XXXe dynasties égyptiennes
Cyrus le Grand crée l'empire perse 550
Cambyse attaque l'Égypte 525
Confucius (550-480)
Bouddha (542-483)
Rome devient une République vers 500
L'historien Hérodote relate son voyage en Égypte vers 450
Apogée d'Athènes (470-430)
Construction du Parthénon à Athènes (447-438)
Guerre du Péloponnèse (431-404)
Aristote, précepteur d'Alexandre le Grand (384-322)
Le dernier pharaon égyptien est chassé d'Égypte 341
Alexandre entreprend la conquête de l'empire perse 334
Alexandre conquiert l'Égypte 333
Alexandre fonde Alexandrie 332
Assassinat de Darius III 330

Crédits photographiques

p. 2-3 : © DCI, 1998/Jérôme Delafosse.
p. 4-5 : © DCI, 1998/Jérôme Delafosse.
p. 6-7 : © DCI, 1998/Jérôme Delafosse.
p. 8-9 : © DCI, 1998/Jérôme Delafosse.
p. 10-11 : © DCI, 1998/Jérôme Delafosse.
p. 12-13 : © Fondation Hilti/UAD/Christoph Gerigk.
p. 14-15 : Collection Tom Wood.
p. 17 : Johannes Laurentius/Antikenmuseum, Staatliche Museen. Bildarchiv Preussischer Kulturbesitz, Berlin.
p. 18-19 : Giraudon/Art Resource, NY. *Cléopâtre*, Alexandre Cabanel, musés des Beaux-Arts, Béziers.
p. 20 : © Fondation Hilti/UAD/Christoph Gerigk.
p. 23 : © DCI, 1998/Jérôme Delafosse.
p. 24-25 : © DCI, 1998/Jérôme Delafosse.
p. 26 : Johannes Laurentius/Antikenmuseum, Staatliche Museen. Bildarchiv Preussischer Kulturbesitz, Berlin.
p. 28 : AKG Londres/Cameraphoto. *Cléopâtre dissolvant la perle*, d'Anton Schoonyans, 1706, Staatliches Kunstmuseum, Bucarest.
p. 30 : Bridgeman Art Library, Londres/New York. *Tête d'Alexandre le Grand*, milieu du IIe siècle, Musée archéologique, Istanbul, Turquie.
p. 31 : Bridgeman Art Library, Londres/New York. *Manuscrit de l'histoire d'Alexandre le Grand* de Louis Liedet, Bibliothèque Nationale de France, Paris.
p. 32 : AKG Londres. *Médaillon antique en or avec le portrait de Philippe II*, Bibliothèque Nationale de France, Paris.
p. 34 : Bridgeman Art Library, Londres/New York. *L'Histoire du noble et vaillant roi Alexandre le Grand*, artiste français, 1506, bibliothèque royale de Belgique, Bruxelles.
p. 36 : Bridgeman Art Library, Londres/New York/Philip Mould, Historical Portraits, Londres. *Relief avec noms d'Alexandre en hiéroglyphes*, IVe siècle av. J.-C.
p. 37 : Robert Harding Associates/George Rainbird. *Tête en marbre de Ptolémée Ier Sôter*, Ny Carlsberg Glyptotek, Copenhague.
p. 38-39 : Dessin de Kevin Giontzeneli.
p. 40 : Bridgeman Art Library, Londres/New York. *Pièce de huit drachmes à l'effigie de Ptolémée Ier et Bérénice*, IIIe siècle av. J.-C., musée de l'Ermitage, Saint-Pétersbourg.
p. 41 : Christie's Images. *Figurines en bronze d'Isis, Horus et Osiris*.
p. 42 : Erich Lessing/Art Resource. *Détail d'une peinture de la tombe de Menna*, Thèbes (actuelle Louqsor), vers 1400 av. J.-C.
p. 43 : Christie's Images. *Flacon de pèlerin et coupe*, IIIe-Ier siècle av. J.-C.
p. 44 : Bridgeman Art Library, Londres/New York. *Gravure en couleur du phare érigé par Ptolémée Ier Sôter sur l'île de Pharos*, O'Shea Gallery, Londres.
p. 46 : Christie's Images. *Bronze d'un roi avec la double couronne*, IVe-IIIe siècle av. J.-C.
p. 47 : © DCI, 1998/Jérôme Delafosse.
p. 48 : AKG Londres. *Salle de la bibliothèque d'Alexandrie*, gravure extraite d'un ouvrage écrit et publié par H. Goell, 1876.
p. 49 : Bridgeman Art Library, Londres/New York. *Culture des champs dans l'au-delà*, extrait d'un *Livre des morts* du British Museum, Londres, vers 1250 av. J.-C.
p. 50 : © RMN/H. Lewandowski.
p. 51 : The Stapleton Collection/Bridgeman Art Library, Londres/New York. Planche IX d'*Entwurf einer historischen Architektur*, gravé par Johann Adam Delsenbach en 1721. Collection privée.
p. 52 : Werner Forman/Art Resource, New York. Musée égyptien, Le Caire.
p. 53 : Christie's Images. *Scarabée ailé*, IVe-IIIe siècle av. J.-C.
p. 54 : Christie's Images. *Cléopâtre essayant des poisons sur des condamnés à mort*, Alexandre Cabanel.
p. 57 : AKG Londres. *Cicéron, au Sénat, accusant Catilina de conspiration*, Cesare Maccari, 1889. Palazzo Madama, Rome.
p. 58 : Christie's Images. *Relief en grès figurant un pharaon*, IIe siècle av. J.-C.
p. 59 : Christie's Images. *Statue en calcaire d'une reine ptolémaïque*, IIIe siècle av. J.-C.
p. 60 : Bridgeman Art Library, Londres/New York. *Bracelet en or*, musée égyptien, Le Caire ; Bridgeman Art Library, Londres/New York, pectoral égyptien en or, IVe siècle av. J.-C., musée Russe, Saint-Pétersbourg.
p. 61 : Christie's Images. *Cuiller à fard en albâtre*, IIIe-Ier siècle av. J.-C. : Peter Willi/Bridgeman Art Library, Londres/New York. *Stèle de Néfertiabet*, vers 2550 av. J.-C., musée du Louvre, Paris.
p. 62 : © Fondation Hilti/UAD/Christoph Gerigk.
p. 63 : © British Museum, Londres.
p. 64 : Bridgeman Art Library, Londres/New York. *Calice avec joueur de flûte et danseuse*, réalisé par Python et peint par Épictète, 520-510 av. J.-C., British Museum, Londres.
p. 65 : Bridgeman Art Library, Londres/New York. *Une Fête égyptienne*, Edwin Long, 1877. Bradford Art Galleries and Museums, West Yorshire, Grande-Bretagne.
p. 66 : Bridgeman Art Library, Londres/New York. *Vase attique à figures rouges figurant Dionysos jouant de la lyre*, Ve siècle av. J.-C., Bibliothèque Nationale de France, Paris.
p. 67 : © British Museum, Londres.
p. 68-69 : © DCI, 1998/Jérôme Delafosse.
p. 70 : AKG Londres. *Cléopâtre en Isis*, 69-30 av. J.-C.
p. 72 : AKG Londres/Henning Bock. Relief du temple de Karnak.
p. 73 : AKG Londres. Osiris Khentyimenty, British Museum, Londres.
p. 74 : Bridgeman Art Library, Londres/New York. *Statuette de Ptah-Sokar-Osiris*, vers 200 av. J.-C., Bonhams, Londres.
p. 75 : Bridgeman Art Library, Londres/New York. *Fragment de stèle figurant une reine et un roi faisant offrande à Sekhmet et Héka*, 200-100 av. J.-C. Bonhams, Londres.
p. 76 : Christie's Images. *Millefiori figurant Apis*, Ier siècle av. J.-C. Christie's Images. *Modèle de sculpteur en calcaire avec la tête de la déesse Hathor*, IVe siècle av. J.-C.
p. 77 : Christie's Images. *Statuette en bronze de Sekhmet assise*, VIe-IVe siècle av. J.-C.. Christie's Images. *Statuette en marbre vert du dieu Héryimyshénout sous forme de crocodile hiéracocéphale. Isis allaitant Harpocrate*, IIIe-Ier siècle av. J.-C.
p. 78 : © DCI, 1998/Jérôme Delafosse.
p. 79 : dessin de Kevin Giontzeneli.
p. 80-81 : AKG Londres. *Le Temple de Louqsor* par Carl Werner, 1870.
p. 82 : Robert Harding Associates/George Rainbird. *Pièces et médailles*, Ier siècle av. J.-C., British Museum, Londres.
p. 83 : Bridgeman Art Library, Londres/New York. Lithographie de David Roberts publiée dans *Egypt and Nubia, from Drawings made in the spot* by David Roberts R.A., 1838, Stapleton Collection, Grande-Bretagne.
p. 84 : Bridgeman Art Library, Londres/New York. *Révolte à bord d'un voilier*, Théodore Géricault. Christie's Images.
p. 86 : AKG Londres/Justus Goepel. *Caius Julius Caesar*, Akademie der Bildenden Künste, Vienne.
p. 87 : Bridgeman Art Library, Londres/New York. *Le Débarquement de Jules César*, collection privée.
p. 88-89 : Giraudon/Art Resource, NY. *Caesar*, Adolphe Yvon, 1875, musée des Beaux-Arts d'Arras.
p. 91 : Scala/Art Resource, NY. *Jules César recevant les tributs d'Égypte*, Andrea del Sarto, villa Medicea di Careggi, Florence.
p. 92 : Pat Remler. *Cléopâtre et César*, Jean-Léon Gérôme, collection privée.
p. 93 : Christie's Images. *Égide en bronze à l'effigie d'Isis*, 712-332 av. J.-C.
p. 94 : Bridgeman Art Library, Londres/New

ÉPOQUE PTOLÉMAÏQUE (332-30 av. J.-C.)

Dynastie macédonienne 332-323
Dynastie ptolémaïque (323-30)
Règne de Ptolémée Ier Soter 304-285
Achèvement du phare d'Alexandrie vers 280
Achèvement de la Grande muraille de Chine 221
Le décret de la Pierre de Rosette commémore le couronnement de Ptolémée V 196
Destruction de Carthage par Rome 146
Règne de Ptolémée XII Néos Dionysos 80-58 et 55-51
Premier triumvirat 60
Ptolémée XII chassé d'Alexandrie 58
Règne de Bérénice IV 57-55
Règne de Cléopâtre et Ptolémée XIII 51-47
Pompée assassiné par Septimus 48
Règne de Cléopâtre et Ptolémée XIV 47-44
Assassinat de Jules César au Sénat 44
Règne de Cléopâtre et Ptolémée XV Césarion 44-30
Hérode le Grand gouverne la Palestine 37-4
Second triumvirat 43
Octave défait Marc Antoine à la bataille d'Actium 30
Suicide de Cléopâtre 30

CRÉDITS PHOTOGRAPHIQUES

York. *Sarah Bernhardt dans le rôle de Cléopâtre*, Georges Clarin, collection privée.
p. 97 : Giraudon. *Pièce de monnaie de Cléopâtre*, Bibliothèque Nationale de France, cabinet des médailles, Paris.
p. 98 : collection Bob Brier.
p. 100-101 : Musée Goupil. *La Galère de Cléopâtre*, Henri-Pierre Picou, 1875.
p. 102 : Bridgeman Art Library, Londres/New York. *Cercueil intérieur de Djedhor*, vers 250 av. J.-C., British Museum, Londres.
p. 103 © Michele Burgess. *Sphinx et pyramide de Khéops à Gizeh*, 1982, Le Caire.
p. 104 : Erich Lessing/Art Resource. *Relief de Cléopâtre et Césarion sur la façade sud du temple d'Hathor à Dendérah*, Égypte.
p. 106 : © Michele Burgess. *Le lac sacré du temple de Karnak*, 1994, Louqsor.
p. 107 : © Michele Burgess. *Temple de Karnak*, 1982, Louqsor.
p. 108 : © Michele Burgess. *Temple de Louqsor*, 1994.
p. 109 : © Michele Burgess. *Temple de Kom Ombo*, 1994, Égypte.
p. 110-111 : AKG Londres. *Philae*, Carl Werner, 1871.
p. 112 : Christie's Images. *Figurine de gladiateur en bronze*.
p. 113 : Bridgeman Art Library, Londres/New York. *Le Combat des gladiateurs*, IIIᵉ siècle av. J.-C., museo archaeologico Nazionale, Paestum, Italie.
p. 114 : AKG Londres/Cameraphoto. *César et Calpurnie*, Peinture murale de Fabio Canal, Palazzo Mangilli-Guion.
p. 116-117 : Scala/Art Resource, NY. *Mort de Jules César*, Vincenzo Camuccini, 1797, museo nazionale di Capodimonte, Naples.
p. 118 : Bridgeman Art Library, Londres/New York. *Buste de Brutus*, Michel-Ange, vers 1539-1540, Bargello, Florence.
p. 119 : Bridgeman Art Library International. *La Mort de Jules César*, Guillaume Lethière, XIXᵉ siècle, collection privée.
p. 120 : National Museum of American Art, Smithsonian Institution/Art Resource. *Le Jeune Octave*, Edmonia Lewis, 1873, don de Warren Robbins.
p. 122 : Peter Willi/Bridgeman Art Library, Londres/New York. *La Rencontre d'Antoine et Cléopâtre*, Sébastien Bourdon, XVIIᵉ siècle, musée du Louvre, Paris.
p. 124 : Christie's Images. *Statue en bronze d'Hercule*.
p. 125 : © Dagli Orti, Paris. *Buste de Marc Antoine*, musée du Capitole, Rome.
p. 126 : Bridgeman Art Library, Londres/New York. *Le Débarquement de Cléopâtre à Tarse*, Claude Lorrain, 1642, musée du Louvre, Paris.
p. 128-129 : Bridgeman Art Library, Londres/New York. *Le Banquet d'Antoine et Cléopâtre*, Giambatttista Tiepolo, 1744, musée Cognacq-Jay, Paris.
p. 130 : The Stapleton Collection/Bridgeman Art Library, Londres/New York. *Planche IX de Entwurf einer historischen Architektur*, gravé par Johann Adam Delsenbach en 1721. Collection privée.
p. 131 : Peter Willi/Bridgeman Art Library, Londres/New York. *Le Débarquement de Cléopâtre à Tarse*, Gérard de Lairesse, XVIIᵉ siècle, musée du Louvre, Paris.
p. 132-133 : © DCI, 1998/Jérôme Delafosse.
p. 134 : Bridgeman Art Library, Londres/New York. *Le Temple d'Hérode au temps de notre Seigneur*, James Jacques Joseph Tissot, 1886-1896, Brooklyn Museum of Art, New York.
p. 136-137 : Dessin de Kevin Giontzeneli.
p. 138 : Scala/Art Resource, NY. *Agusti di Prima Porta*, musée du Vatican.
p. 139 : Christie's Images. *Tapisserie de Bruxelles de la série d'Antoine et Cléopâtre montrant Antoine et Octave coiffés de couronnes de laurier*, Karel Van mander.
p. 141 : Bridgeman Art Library, Londres/New York. *L'Ivresse de Bacchus*, Michel-Ange, 1496-1497, Bargello, Florence.
p. 142 : dessin de Kevin Giontzeneli.
p. 143 : British Museum.
p. 144-145 : National Maritime Museum Picture Library, *La Bataille d'Actium*, 42 septembre 31 av. J.-C., Lorenzo Castro, 1672.
p. 146 : Giraudon/Art Resource.
p. 147 : Bridgeman Art Library, Londres/New York. *Cléopâtre et Octave*, Louis Gauffier, 1787-1788, National Gallery of Scotland.
p. 148 : Pat Remler. *Bloc de pierre au nom de Cléopâtre*, temple d'Ermant.
p. 149 : Erich Lessing/Art Resource, NY. *La Ville d'Alexandrie en Égypte*, VIᵉ siècle, église Saint-Jean, Jerash, Jordanie.
p. 151 : Scala/Art Resource, NY. *Banquet de Cléopâtre et Marc Antoine*, Francesco Trevisani, Galleria Spada, Rome.
p. 152 : Bridgeman Art Library, Londres/New York. *La Mort de Cléopâtre*, Reginald Arthur, 1892, Roy Miles Gallery, Londres.
p. 156-157 : © Bruce Wills.
p. 158 : © Fondation Hilti/UAD/Christoph Gerigk
p. 159 : University of Pennsylvalnia Museum Photo Archives.
p. 160 : © Fondation Hilti/UAD/Christoph Gerigk.
p. 161 : © Fondation Hilti/UAD/Christoph Gerigk.
p. 163 : © Fondation Hilti/UAD.
p. 164 : © Fondation Hilti/UAD/Christoph Gerigk.
p. 165 : © DCI, 1998/Jérôme Delafosse.
p. 166-167 : © DCI, 1998/Jérôme Delafosse.
p. 168 : Fondation Hilti/UAD/Frédéric Osada.
p. 169 : © Fondation Hilti/UAD/Christoph Gerigk.
p. 170 : © Fondation Hilti/UAD/Christoph Gerigk.
p. 171 : © Fondation Hilti/UAD/Christoph Gerigk.
p. 172 : © Fondation Hilti/UAD/Christoph Gerigk.
p. 173 : © Fondation Hilti/UAD/Christoph Gerigk.
p. 174 : © Fondation Hilti/UAD/Christoph Gerigk.
p. 175 : : © DCI, 1998/Jérôme Delafosse.
p. 176-177 : : © DCI, 1998/Jérôme Delafosse.
p. 178 : adaptation avec l'autorisation de USCG Navigation Center.
p. 179 : : © DCI, 1998/Jérôme Delafosse.
p. 180 : : © DCI, 1998/Jérôme Delafosse.
p. 181 : © Fondation Hilti/UAD/Christoph Gerigk.
p. 182 : © DCI, 1998/Jérôme Delafosse.
p. 184-185 : © DCI, 1998/Jérôme Delafosse.
p. 187 : © Fondation Hilti/UAD/Christoph Gerigk.
p. 188 : © Fondation Hilti/UAD/Christoph Gerigk
p. 189 : © DCI, 1998/Jérôme Delafosse.
p. 190-191 : © DCI, 1998/Jérôme Delafosse.
p. 192 : © Fondation Hilti/UAD/Christoph Gerigk.
p. 193 : © DCI, 1998/Jérôme Delafosse.
p. 194 : : © Fondation Hilti/UAD/Christoph Gerigk.
p. 195 : © DCI, 1998/Jérôme Delafosse.
p. 196 : © Fondation Hilti/UAD/Christoph Gerigk.
p. 197 : © Fondation Hilti/UAD/Christoph Gerigk.
p. 198 : © Fondation Hilti/UAD/Christoph Gerigk.
p. 199 : © Fondation Hilti/UAD/Christoph Gerigk.
p. 200 : © Fondation Hilti/UAD/Christoph Gerigk.
p. 201 : © Fondation Hilti/UAD/Christoph Gerigk. © DCI, 1998/Jérôme Delafosse.
p. 202-203 : © DCI, 1998/Jérôme Delafosse.
p. 204-205 : © Fondation Hilti/UAD/Christoph Gerigk.
p. 206-207 : © Fondation Hilti/UAD/Christoph Gerigk.

ÉPOQUE ROMAINE (30 av. J.-C.-395 ap. J.-C.) **ESSOR DES EMPIRES MUSULMANS**

Règne d'Octave Auguste 30 av. J.-C.-14 ap. J.-C.
Strabon visite Alexandrie vers 27
Naissance de Jésus 6/5
Incendie de Rome sous Néron 64
Empire perse sassanide 227-630
Persécutions chrétiennes sous Dioclétien 303
Tremblement de terre à Alexandrie 365
Alexandrie sous le contrôle de Byzance 395
Constantin accepte le christianisme
Sac de Rome par les Barbares 410
Fin de l'Empire romain d'Occident 476
Mahomet 570-632
Conquête de l'Égypte byzantine par les Arabes 641
Début du recrutement des soldats parmi les esclaves 750
Règne de l'empereur Charlemagne 800-814
Conquête de l'Égypte par les Fatimides 969
Invasion de l'Angleterre par les Normands 1066
Croisades 1096-1291
Début des invasions mongoles vers 1200

INDEX

INDEX

FORMATION DES NATIONS ET RÉVOLUTIONS (1620-1914)

Règne de Louis XIV (1643-1715)
Dernier siège de Vienne par les Turcs 1683
Début de la révolution industrielle 1760
Révolution française 1789
Expédition d'Égypte entreprise par Bonaparte 1798-1801
Découverte de la Pierre de Rosette par le lieutenant Bouchard 1799
Règne de Mohammed Ali en Égypte 1805-1833
Élimation des Mamelouks par Mohammed Ali 1811
Déchiffrement des hiéroglyphes par Champollion 1822
Début des fouilles systématiques en Égypte 1851
Guerre de Crimée 1854-1856
Mahmoud Bey dessine la carte d'Alexandrie 1866
Inauguration du canal de Suez 1869
Occupation de l'Égypte par la Grande-Bretagne 1882

LE XXe SIÈCLE (1900-2000)

Première Guerre Mondiale 1914-1918
Découverte de la tombe de Toutankhamon 1922
Seconde Guerre Mondiale 1939-1945
Fin de la monarchie égyptienne 1953

Achevé d'imprimer
sur les presses de
l'imprimerie
Artes Gráficas Toledo, S.A.
à Tolède (Espagne)
en Septembre 2000